Français

Nolwena Monnier • Thérèse Bonté

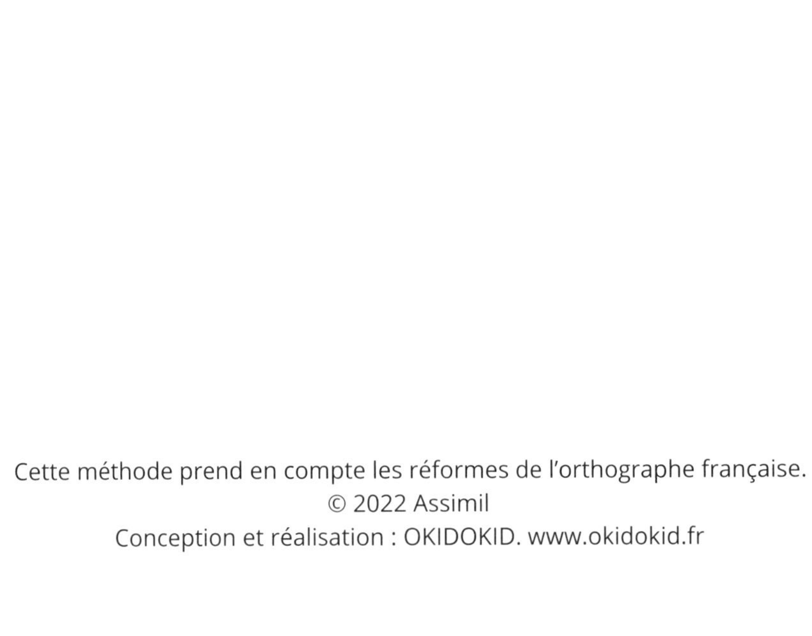

Cette méthode prend en compte les réformes de l'orthographe française.

Conception et réalisation : OKIDOKID. www.okidokid.fr

Bienvenue chez nous !

Léa : Bonjour !

Mathis : Salut ! **Je suis** Mathis.

L : Moi, **c'est** Léa. **J'ai** 12 ans. Mathis **est** mon frère.

M : Et Léa **est** ma sœur ! **Nous sommes** frère et sœur.

Paul : Bonjour. **Je** m'appelle Paul. **Je suis** votre nouveau **voisin**.

L : Bienvenue !

P : Merci. Quel âge **as-tu**, Mathis ?

L : Il a 12 ans aussi.

P : Oh, **vous êtes jumeaux** ?

M : Oui, **nous sommes jumeaux**. **Nous sommes** nés le même jour et la même année !

L : Et, bien sûr, **nous avons** la même date d'**anniversaire** !

P : Et **vous avez** d'autres frères et sœurs ?

L : Non ! Un frère, **c'est** suffisant !

M : Et toi, Paul ? **Tu as** des frères et sœurs ou **tu es fils unique** ?

P : **J'ai** une petite sœur. **C'est** un bébé.

M : Oui, **je** sais, les filles **sont** souvent des bébés !

P : Non, non, **c'est** vraiment un bébé. **Elle est** née il y a deux mois !

L : Ah ! ça, **c'est** Félix, notre chat !

M : Nos parents aiment les chats. **Ils** aiment tous les animaux, **ils sont vétérinaires** !

P : Mon père **est** cuisinier et ma mère **est pâtissière**.

M : **Ils ont** de la chance, et **vous** aussi ! **Vous** mangez beaucoup de bonnes choses !

P : Oh oui ! Mais qu'est-ce que **c'est** que ce bruit ? Quelqu'un crie ?

M : Non, non, ne t'inquiète pas ! **C'est** le bébé de notre voisin.

P : Et **il** pleure souvent comme ça ?

L : Tous les jours à la même heure ! Une vraie **horloge** !
D'ailleurs, **c'est** l'heure de ma série préférée. Au revoir ! À bientôt !

À TOI DE PARLER

Dis-nous qui tu es : Un garçon ? Une fille ? Quel âge as-tu ?
Où habites-tu ? As-tu des frères et des sœurs ?
Donne des détails !

GRAMMAIRE

« Être » et « avoir » au présent

PRONOM PERSONNEL SUJET			AVOIR AU PRÉSENT	ÊTRE AU PRÉSENT
1re	singulier	**je/j'** *(+ verbe commençant par une voyelle)*	ai	suis
2e	singulier	**tu**	as	es
3e	singulier	**il** *(masculin)* **elle** *(féminin)* **on** *(= nous)*	a	est
1re	pluriel	**nous**	avons	sommes
2e	pluriel	**vous**	avez	êtes
3e	pluriel	**ils** *(masculin)* **elles** *(féminin)*	ont	sont

⚠ **Si féminin + masculin => masculin pluriel.**

Ma mère et mon père => ils

GRAMMAIRE

Tu/vous

tu => famille, amis

vous => personne qu'on ne connait pas ou que l'on respecte (professeur par exemple).
= > peut aussi désigner plusieurs personnes

Pour présenter/décrire/donner son opinion

C'est + nom singulier ou adjectif => C'est un garçon. / C'est gentil.

Ce sont + nom pluriel => Ce sont des filles.

VOCABULAIRE

un voisin/une voisine = une personne qui habite une maison proche

un jumeau, des jumeaux *(masculin)*/**une jumelle, des jumelles** *(féminin)* = enfants nés le même jour *(deux frères, deux sœurs ou un frère et une sœur)*

un anniversaire = la fête du jour de sa naissance

un fils/une fille unique = un enfant sans frère et sœur

un vétérinaire/une vétérinaire = un docteur pour les animaux

un pâtissier/une pâtissière = *(métier)* une personne qui fait des gâteaux, des pâtisseries

une horloge = un objet qui indique l'heure

C'est le moment de mettre en pratique ce que tu as appris!
Ouvre ton cahier d'exercices **page 3.**

C'est **la rentrée !**

Paul : Mathis, tu es très **élégant** !

Mathis : Tu as vu ?

P : C'est **la** rentrée ! On veut tous être beaux !

M : Tu as **un** super **T-shirt**.

P : Oui, j'adore **le bleu**. Mais j'aime bien ton **pantalon noir**.

M : Merci. J'ai choisi **une casquette rouge**. J'ai **plusieurs casquettes**, mais j'aime beaucoup celle-là.

P : Oui, elle est belle ! **Des chaussures rouges**, c'est bien avec un **pantalon noir**.

M : Je suis d'accord avec toi.

P : J'ai mis **un pull blanc**, **le noir** était sale.

M : Dommage…

P : Tu n'**as ni blouson ni manteau** ?

M : Non, il fait chaud.

P : Mon Dieu ! **Les boucles d'oreilles** de ta sœur sont énormes !

M : Tu as raison ! Léa, tu vas **te prendre les pieds dans** tes boucles d'oreilles !

un imperméable

L : Idiot ! Ce sont mes plus belles **boucles d'oreilles**.

M : Des boucles d'oreilles ? On dirait **des** cerceaux !

L : Tu n'y connais rien.

M : Ce n'est pas **l'imperméable** de maman ?

un manteau

L : Si... Et alors ?

une jupe

P : Il te va très bien.

un blouson

L : Merci, Paul !

M : Mais non ! Il est trop grand !

L : Pas du tout !

des chaussures

P : Tu as une jolie jupe, Léa.
Elle va bien avec ton **chemisier blanc**.

un pull

M : Bon, vous êtes prêts ?

un T-shirt

L : Pas tout à fait !

M : Ah bon... Pourquoi ?

un chemisier

L : Je crois que tu as oublié quelque chose, Mathis.

M : Moi ? Non !

une casquette

L : Si, si...

M : Mais, j'ai toutes mes affaires :
T-shirt, pull, pantalon, chaussures, casquette...

L : Et ton sac ? Tu n'as pas ton sac pour le **collège** :
pas d'**agenda**, pas de stylo... **pas de tête** !!!

un pantalon

À TOI DE PARLER

Décris un de tes amis. Comment est-il habillé ?
Utilise les couleurs du dialogue.

GRAMMAIRE

Les articles

article	indéfini	défini
masculin singulier	un	le/l' *(+ voyelle)*
féminin singulier	une	la/l' *(+ voyelle)*
masculin pluriel	des	les
féminin pluriel	des	les

– Regarde ! **Un** chien ! *(= un chien que tu ne connais pas)*
– C'est **le** chien de **la** voisine. *(= un chien en particulier, que tu connais)*
– J'ai **une** robe bleue. *(= j'ai d'autres robes, c'est une parmi d'autres)*
– **La** robe bleue que j'ai mise aujourd'hui est longue. *(c'est une robe bleue en particulier)*

Les adjectifs de couleur

un pull bleu *(masculin)*/une robe bleu**e** *(féminin)*
des pulls bleu**s** *(masculin pluriel)*/des robes bleu**es** *(féminin pluriel)*

Boite à outils

GRAMMAIRE

Les adjectifs de couleur (suite)

- Adjectifs de couleur invariables *(qui ne changent pas)* : orange et marron
  des chaussettes orange/des chaussures marron
- Si deux adjectifs de couleur sont placés l'un après l'autre, ils sont séparés par un trait d'union et sont invariables.
  Des fleurs jaune-orangé
- Si un adjectif de couleur est suivi d'un autre adjectif, les adjectifs sont invariables.
  des pulls bleu clair/des robes bleu foncé

VOCABULAIRE

élégant/e = une personne très bien habillée, chic
plusieurs = deux ou plus
se prendre les pieds dans = tomber
ni... ni... = pas de... et pas de...
des boucles d'oreilles = des bijoux d'oreilles
un collège = une école de la 6e à la 3e *(environ 11-15 ans)*
ne pas avoir de tête = être tête en l'air = tout oublier
un agenda = un carnet avec les jours de l'année, pour écrire ses devoirs ou ses rendez-vous

C'est le moment de mettre en pratique ce que tu as appris !
Ouvre ton cahier d'exercices **page 4.**

Quelle **longue liste !**

Paul : Coucou ! Ça va ?

Mathis : Bien, et toi ?

P : Super ! Vous pr**é**parez **votre** sac ?

Léa : Oui. On a la liste des **fournitures scolaires** depuis ce matin.

P : Vous **ê**tes dans la m**ê**me classe ?

L : Ah non, pas question ! Au coll**è**ge, Mathis r**ê**ve, c'est un mauvais **él****è**ve !

M : On a **notre** emploi du temps… Je finis tous les jours à 17 h 30… **C'est nul** !

ÉPISODE
03

Quelle longue liste !

L : Moi, je n'ai pas cours le mardi après-midi ! Je suis super contente !

M : Allez, on prépare **nos fournitures scolaires** ! Tiens, c'est **ta trousse**.

L : Merci. Il me faut **mon stylo-plume**, **mes crayons à papier**, **mes gommes** et **ma règle**.

des trousses

P : Trois **gommes** ?

un stylo-plume

L : Oui ! Je me trompe souvent, alors je gomme beaucoup !

des crayons à papier

M : J'ai **mes cahiers** de **maths** et de français.

P : Tu as **tes feutres** et **tes chemises** de couleurs différentes ?

des gommes

L : Et **ton compas** ?

des cahiers

une règle

M : Oui, j'ai tout ça.

L : Avec **son rapporteur** et **sa calculatrice**, Mathis sera un génie des **maths** !

des chemises

P : Oui, mais **ses classeurs** et **ses pochettes** sont trop grands pour **son** sac !

des feutres

L : C'est vrai !

un compas

M : **Tout à fait** ! Ah... **Notre dictionnaire** d'anglais. Il est pour toi ou pour moi ?

un rapporteur

L : Prends-le ! Je suis bonne en anglais !

une calculatrice

M : Avec toutes ces **fournitures scolaires**, **nos** notes vont être extraordinaires !

P : **Vos trousses** et **vos stylos** sont **sympas**.

L : Ce sont **nos trousses** de l'année dernière. Maman veut qu'on garde **notre** matériel !

un dictionnaire

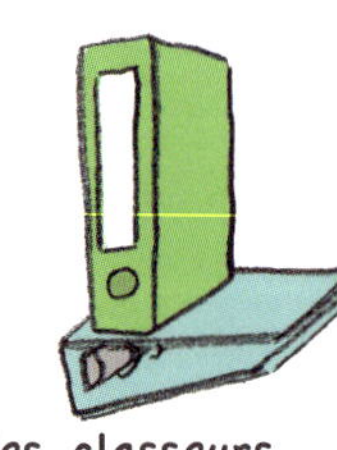
des classeurs

P : **Votre** mère a raison. C'est important de faire durer les objets !

L : **Nos** sacs aussi sont de l'ann**é**e dernière... Moi, j'aime bien les **trucs** neufs...

P : Bon, je rentre à la maison. Salut !

L & M : À demain !

P : Eh bien... **Leur** liste est tr**è**s longue et **leurs** sacs sont tr**è**s lourds. **Leurs fournitures scolaires** et **leurs** cours vont les **é**puiser !

À TOI DE PARLER

Joue avec un ami ou une amie.
Ouvre son sac de classe et posez-vous des questions :
Qu'est-ce que c'est ? => C'est ma gomme.
Aide-toi de la Boite à outils !

ORTHOGRAPHE

Les accents sur le « e »

é, è ou ê : le son change en fonction de l'accent (aigu, grave ou circonflexe).
Réécoute la phrase dans le dialogue : Au collège, Mathis rêve, c'est un mauvais élève !

GRAMMAIRE

Les pronoms possessifs

à qui appartient l'objet	SINGULIER		PLURIEL	
	masculin	féminin	masculin	féminin
je	mon	ma	mes	mes
tu	ton	ta	tes	tes
il/elle/on	son	sa	tes	ses
nous	notre	notre	nos	nos
vous	votre	votre	vos	vos
ils/elles	leur	leur	leurs	leurs

adjectif possessif + nom

un sac *(masculin/singulier)* => **mon** sac, **ton** sac, etc.

une robe *(féminin/singulier)* => **ma** robe, **ta** robe, etc.

des crayons *(masculin/pluriel)* => **mes** crayons, **tes** crayons, etc.

des gommes *(féminin/pluriel)* => **mes** gommes, **tes** gommes, etc.

VOCABULAIRE

des fournitures scolaires = du matériel pour étudier à l'école

c'est nul = ce n'est pas bien

les maths = les mathématiques

sympa = sympathique = joli, agréable, gentil

un truc = une chose, un élément non précisé

C'est le moment de mettre en pratique ce que tu as appris !
Ouvre ton cahier d'exercices **page 6.**

Ma **meilleure amie !**

Paul : Coucou, Léa !

Léa : Bonjour, Paul. Comment vas-tu ?

P : Bien, et toi ?

L : Super !

P : Qu'est-ce que tu fais ?

L : Je regarde des photos sur mon portable.

P : Qui est-ce ?

L : C'est Clara, **ma meilleure amie** !

P : Elle est **jolie**.

L : Et très **gentille**. Elle est très **calme** aussi. Pas du tout comme moi !

P : Tu es très **gentille**, toi aussi !

L : Oui mais pas **calme** !

P : Elle est **rousse**. Ça lui va bien !

L : Oui, j'adore ses cheveux.

P : Elle est **grande** ?

L : Non, pas très **grande**, mais très **intelligente**.

P : Elle est **française** ?

L : Non, **canadienne** et **italienne**.

P : Ah bon ? Et où vit-elle ?

L : En France !

P : Vous êtes amies depuis longtemps ?

L : Oui, on est amies depuis cinq ans. On fait du sport ensemble.

P : Elle est **sportive** ?

L : Oui, très **sportive**. Elle aime le foot, le basket, **la course**, **l'équitation** et **la natation** !

P : Tout ça !

L : Oui, elle est très **sportive** et un peu **rêveuse** aussi. Je l'adore !

P : Elle a de beaux **yeux**.

L : Oui...

P : Et de jolies **mains**.

L : Oui...

P : Et de belles **lèvres**.

L : Oui...

P : J'ai hâte de la rencontrer.

L : Dis donc, tu es en train de tomber amoureux d'elle...

P : Mais non, pas du tout !

Mathis : Salut tous les deux ! Qu'est-ce que vous faites ?

P : Salut, Mathis. Léa me montre des photos de Clara, sa **meilleure amie**.

M : Quelle **menteuse** ! Clara est MA **meilleure amie**.

À TOI DE PARLER

Lis la phrase et transforme-la avec le sujet féminin proposé :
Par exemple : Paul est gentil. => Léa est gentille.
Paul est grand. => Marie est... / Philippe est petit. => Charlotte est...
Marc est anglais. => Lisa est... / Pierre est drôle. => Béatrice est...

GRAMMAIRE

Le masculin et le féminin

Le féminin est marqué par un « **e** » **en fin d'adjectif**.

joli => jolie *(pas de différence de prononciation)*

Un joli manteau. **Une jolie** robe.

- Quand l'adjectif se termine par un « e », pas de changement au féminin.
  Le professeur est sévère. La maitresse est sévère.
- Quand l'adjectif se termine par une consonne, on double la consonne avant de mettre le « e »
  Greg est canadien. Sarah est canadie**nne**.

Les exceptions

MASCULIN	FÉMININ
Il est créat**if**.	Elle est créat**ive**.
Il est curieu**x**.	Elle est curieu**se**.
Il est ment**eur**.	Elle est ment**euse**.

Boite à **outils**

GRAMMAIRE

⚠ **Certains adjectifs changent complètement.**

MASCULIN	FÉMININI)N
Le jardin est b**eau**.	La maison est b**elle**.
Le tableau est s**ec**.	La colle est s**èche.**
Ce chien est f**ou**.	Cette chienne est f**olle**.
Le temps est fr**ais**.	La glace est fr**aiche**.
L'exercice est fa**ux**.	La réponse est fau**sse**.
Le vélo est vi**eux**.	La voiture est vi**eille**.
Le chemin est lon**g**.	La route est lon**gue**.
Le chat est dou**x**.	La voix est dou**ce**.

VOCABULAIRE

ma meilleure amie = mon amie préférée
roux/rousse = avec les cheveux orange
la course = courir *(vite ou longtemps)*
faire de l'équitation = monter à cheval
faire de la natation = nager à la piscine
un rêveur/une rêveuse = une personne qui est perdue dans ses pensées, qui rêve tout éveillée
un menteur/une menteuse : une personne qui dit des choses fausses, qui ne dit pas la vérité

C'est le moment de mettre en pratique ce que tu as appris !
Ouvre ton cahier d'exercices **page 8.**

Un **pique-nique** mal préparé

Léa : Hou ! Hou ! Je suis rentrée !

Mathis : Je suis dans la cuisine.

L : On y va ?

M : Pas encore ! Je **ne** suis **pas** prêt.

L : Pourquoi ?

M : Je **ne** trouve **pas** le panier.

un panier à pique-nique

L : Il est dans le garage.

M : Ok. Bon, qu'est-ce qu'on emporte pour ce pique-nique ?

L : Des tomates ?

M : Je **n'**aime **pas** les tomates... Des chips ? Elles sont dans le placard de la cuisine.

L : Ok. Je vais dans le salon prendre la couverture sur le **canapé**.

M : C'est inutile ! On n**e** va **pas** s'assoir par terre.
Il y a des tables de pique-nique au parc.

L : D'accord. On prend des pommes ?

M : Oh non. Je **n'**aime **pas** les pommes. Des poires ?

L : On **n'**a **pas** de poires... Des bananes ?

M : **Ça me va**.

L : J'ai des bonbons dans ma chambre. Je vais les chercher.

M : Tiens !

L : Merci. On prend des serviettes de bain aussi ?
Le lac n'est pas très loin des tables de pique-nique.

M : C'est vrai ! Elles sont dans la salle de bain.

L : Je **ne** trouve **pas**... Ah si, là !

M : Je **n'**ai **pas** de jus de fruits...

L : Nous avons nos **gourdes**.

M : **Ça marche** ! Les sandwichs au jambon et au poulet sont dans le **frigo**.

L : Je **ne** vois **pas** de sandwichs... Ah oui, c'est bon !

M : Le **parasol** est dans **l'entrée**.

L : Je vais aux toilettes et nous sommes prêts !

M : Bon, alors on a tout ! Papa nous emmène à quelle heure ?

L : Je **ne** sais **pas** ! Qu'est-ce qu'il t'a dit ?

M : Rien ! C'est toi qui lui as demandé ?

L : Moi ? Non. C'est toi !

M : Bon, alors je pense qu'on va y aller à pied...

À TOI DE PARLER

Fais plusieurs phrases avec des fruits que tu aimes
et que tu n'aimes pas.
Par exemple : J'aime les bananes. / Je n'aime pas les pommes.

GRAMMAIRE

La négation

sujet + ne/n' *(devant une voyelle)* **+ verbe + pas + complément**

Je ne suis pas contente.

Tu n'es pas content.

Je n'ai pas de frère.

Vous n'aimez pas les pommes.

VOCABULAIRE

ça me va ! = ok = ça marche ! = c'est d'accord !

un placard = un meuble de rangement

un canapé = un meuble pour s'assoir à plusieurs

une gourde = une bouteille réutilisable

un frigo = un Frigidaire = un réfrigérateur = un appareil pour conserver les aliments au frais

un parasol = un objet pour se protéger du soleil, en forme de grand parapluie

C'est le moment de mettre en pratique ce que tu as appris !
Ouvre ton cahier d'exercices **page 9.**

Un **gâteau d'anniversaire**

Mathis : Tu es prête ?

Léa : Oui, je suis prête !

M : As-tu le saladier ?

L : Oui, il est là.

M : Est-ce que tu as les œufs ?

L : Oui, ils sont là, sur la table !

M : Tu as la farine et le sucre ?

L : Non ! Ils sont dans le **placard**.

M : Tiens ! Les voilà !

L : Merci.

M : Tu as tout maintenant ?

L : Non ! **Est-ce que tu as la cuillère en bois** ?

M : La voici. **As-tu la crème à la vanille** ?

L : Non, maman n'aime pas la vanille. Pas de gâteau à la vanille pour son anniversaire !

M : Ah oui... C'est vrai... Moi, j'aime la vanille...

L : Oui, mais ce gâteau n'est pas pour toi !

M : Je sais. C'est pour l'anniversaire de maman...

L : **Tu ajoutes aussi du chocolat ?** Maman adore ça !

M : Non, je n'ai pas de chocolat, mais j'ai des fraises.

L : Parfait ! Maman aime beaucoup les fraises.

M : Bon, on est prêts !

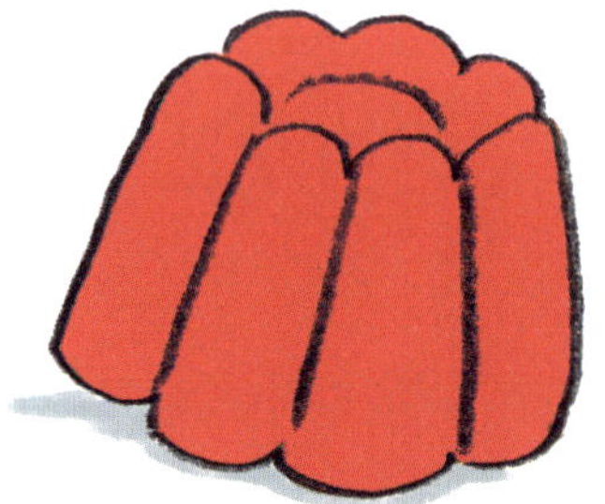

un moule à gâteaux

L : **Est-ce que tu as le moule à gâteaux ?**

M : Euh... non... Je ne sais pas où il est...

L : Sans moule, on ne peut pas faire de gâteau.

M : Il y a une **pâtisserie** au coin de la rue...

L : Non ! On a promis à papa de faire un gâteau maison !

M : **Est-ce que tu as une autre solution** ?

L : Bien sûr ! **On a des fraises et de la chantilly ?**

M : Euh... Oui.

L : Eh bien, on va faire des **crêpes** ! Pas besoin de **moule** !

À TOI DE PARLER

Pose les questions de trois manières différentes, comme dans l'exemple : **des** œufs => Tu as des œufs ? As-tu des œufs ? Est-ce que tu as des œufs ?

1) **du** chocolat
2) **un** saladier
3) **un** moule à gâteaux
4) **des** fraises

GRAMMAIRE

La forme interrogative (réponse **oui**/**non**)

verbe + sujet + complément + ? => As-tu des œufs ?
est-ce que + sujet + verbe + complément + ?
=> Est-ce que tu as des œufs ?
⚠ Quand deux voyelles se suivent, on ajoute « **-t-** » entre les deux.
Elle aime les fraises => Aime-t-elle les fraises ?
sujet + verbe + complément + ? => Tu as des œufs ?
*(**surtout** à l'oral)*

VOCABULAIRE

un saladier = un grand bol pour la salade
un placard = un endroit pour ranger la nourriture
une pâtisserie = un magasin/une boutique de gâteaux
une crêpe = une fine pâtisserie faite de farine, d'œufs et de lait

C'est le moment de mettre en pratique ce que tu as appris !
Ouvre ton cahier d'exercices **page 11.**

ÉPISODE 07

Promenade au château

un jeu d'échecs

Mathis : Bonjour, Paul !

Paul : Salut, Mathis. Tu vas bien ?

M : Oui, merci. Et toi ?

P : Super !

M : On va visiter le chât**eau** ?

P : Oui ! J'**adore visiter** les chât**eaux**.

M : C'est par là. Viens !

P : C'est loin ?

M : Non, juste à 5 minutes **à pied**.

P : Parfait !

M : **Aimes**-tu les chev**aux** ?

P : Oui, j'**aime caresser** les chev**aux**.
Il y a un chev**al là-bas** ?

M : Oui, il y a des chev**aux** au chât**eau**.

P : Génial ! C'est là ?

M : Oui, c'est là. Entrons !

P : Regarde, il y a des jeu**x géants** !

des quilles des dés

M : Un j**eu** d'échec**s**, un j**eu** de quille**s**, des dé**s**. Super !

P : Tout est très gros ! C'est origin**al** !

M : Oui, ces jeu**x** sont très origin**aux**.

P : Waouh ! J'**adore** ce parc.

M : **En hiver**, à Noël, il y a des décoration**s** partout.

P : Et **au printemps**, il y a plein de fleur**s**, j'imagine.

M : Oui, c'est magnifique ! **En automne**, les arbre**s** sont rouge**s**, orange et jaune**s**. Et **en été**, on peut pique-niquer dans le parc.

P : Ouh là... Il y a plein de trou**s** et de caillou**x** ici !

M : Attention, ne tombe pas !

P : Ne t'inquiète pas : je fais attention. Je veux visiter le chât**eau**.

M : **C'est bizarre**, il n'y a personne.

P : C'est vrai. C'est très calme.

M : Regarde ! La porte est fermée.

P : Oh non... Qu'est-ce qu'on fait ?

M : Je ne sais pas. Il y a toujours les jeu**x** dans le parc...

P : Tu as raison. Tu fais une partie d'échec**s** avec moi pour battre le roi du chât**eau** ?

À TOI DE PARLER

Qu'est-ce que tu aimes faire le week-end ? Utilise la structure « aimer + verbe à l'infinitif » comme dans l'exemple :
J'aime jouer aux échecs.

GRAMMAIRE

Exprimer ses gouts

aimer/adorer + verbe à l'infinitif

J'aime manger du chocolat. / J'adore écouter de la musique.

Le pluriel

- Le pluriel se fait en « **s** » : un frère => des frères
- Le pluriel se fait en « **x** » pour les mots qui se terminent par
  « **eau** » : un gâteau => des gâteaux
  « **au** » : un noyau => des noyaux
- Le pluriel se fait en « **aux** » pour les mots qui se terminent par « **al** » :
  un cheval => des chevaux
  sauf : bal, carnaval, festival, fatal, banal, chacal => « **s** » au pluriel
  Les carnavals sont très banals.
- Le pluriel se fait en « **ails** » pour les mots qui se terminent par « **ail** » :
  un détail => des détails
  sauf : travail, corail, bail, émail, vitrail, ventail => « **aux** » au pluriel
  Les travaux sont terminés.

- Le pluriel se fait en « **eux** » pour les mots qui se terminent par « **eu** » : un jeu => des jeux
  sauf pneu et bleu => « **s** » au pluriel
  Les manteaux sont bleus. Les pneus sont crevés.
- Le pluriel se fait en « **ous** » pour les mots qui se terminent par « **ou** » : un trou => des trous
  sauf : hibou, caillou, chou, bijou, genou, joujou, pou => « **x** » au pluriel
  Ses genoux sont rouges. Ses bijoux sont jolis.
- Les mots qui se terminent en « **s** », « **x** » et « **z** » sont **invariables**.
  Son gros nez est hideux. => Leurs gros nez sont hideux.

VOCABULAIRE

à pied = en marchant
géant/e = très très très grand/e
caresser = passer la main avec tendresse, câliner
en automne, **en** hiver, **en** été, **au** printemps
c'est bizarre = c'est étrange, étonnant

C'est le moment de mettre en pratique ce que tu as appris !
Ouvre ton cahier d'exercices **page 12.**

ÉPISODE 08

Un petit tour **à la piscine**

Léa : Qu'est-ce que tu **fais**, Mathis ?

Mathis : Ah salut Léa ! Ça **va** ?

L : Oui, ça **va** ! Qu'est-ce que tu **fais** ?

M : Je **fais** la vaisselle et, après, je **vais** au stade.

L : Tu **vas courir** au stade ?

M : Oui, pourquoi ?

L : Non, pour rien.

M : Qu'est-ce que tu **vas faire**, toi ?

L : Nous **allons** à la **piscine** avec Paul.

M : Ah... Vous **allez** à la **piscine**...

L : Oui. Il **va** à la **piscine** avec moi !

M : Vous n'**allez** pas au cinéma avec les parents ?

L : Non. Ils **vont** voir un film romantique. On n'a pas envie de regarder ce genre de films...

M : Ils ne **vont** pas voir une **comédie** ?

L : Non, pas cette fois-ci. Ce n'est pas **grave**. On **va nager** à la place ! C'est bien aussi.

Paul : Salut Léa, salut Mathis !

Un petit tour à la piscine

M : Bonjour, Paul.

P : Qu'est-ce que vous **faites** ?

L : Nous **faisons** la vaisselle.

M : Nous, nous... Je **fais** la vaisselle !

P : Vos parents sont là ?

L : Non, ils **font** les courses.

P : Ok. Est-ce que tu es prête ?
Nous **allons** à la piscine, Léa ?

L : Oui, je suis prête. Au revoir, Mathis !

P : Ça **va**, ton frère ?

L : Oui, pourquoi ?

P : Il **fait la tête**, non ?

L : Il **va** au stade cette après-midi mais...
il aime beaucoup la piscine.

P : Et il est **jaloux** parce que nous **allons** à la **piscine** tous les deux...

L : C'est possible ! Mais, ce n'est pas **grave**. C'est mon frère jumeau,
pas mon amoureux !

À TOI DE PARLER

Que vas-tu faire aujourd'hui ? Pour répondre,
utilise la structure « aller » + verbe à l'infinitif.
Par exemple : Je vais manger des fraises.

Boite à **outils**

GRAMMAIRE

Faire et aller

	FAIRE	ALLER
je	fais	vais
tu	fais	vas
il/elle/on	fait	va
nous	faisons	allons
vous	faites	allez
ils/elles	font	vont

Attention « nous f**ai**sons » se prononce « nous f**eu**sons »

Exprimer le futur

Verbe « **aller** » conjugué + verbe à l'infinitif = idée de futur

Je vais aller à la piscine.

VOCABULAIRE

une piscine = un endroit, en béton ou en plastique, rempli d'eau pour nager

une comédie = un film drôle, pour faire rire

grave = important

faire la tête = bouder = être fâché/e

jaloux/jalouse = qui a envie de quelque chose ou de l'affection que quelqu'un d'autre a

C'est le moment de mettre en pratique ce que tu as appris!
Ouvre ton cahier d'exercices **page 16.**

L'heure, c'est l'heure !

Paul : Coucou, les jumeaux !

Léa : Coucou, Paul.

Mathis : Bonjour, Paul. Ça va ?

P : Oui, super. Et vous ?

L : Bien, merci.

P : Est-ce que vous avez votre planning pour la **journée d'orientation** ?

L : Oui, j'ai eu le programme aujourd'hui.

M : Et moi, hier ! Je suis contente de découvrir de nouveaux **métiers**.

P : Est-ce que vous allez à la **journée d'orientation** le **vendredi**, comme moi ?

L : Non. Pour moi, c'est le **lundi 1er décembre**.

M : Et moi, c'est le **jeudi 4 décembre**. Et toi, Paul ?

P : Moi, c'est demain, **vendredi 28 novembre**.

L : As-tu ton programme, Paul ?

P : Oui, alors… **À 9 h**, je rencontre un **banquier** et **à 10 h**, une **biologiste**.

M : Un **banquier** et une **biologiste** ? Ce sont deux métiers très différents.

P : Oui, c'est vrai.

L : Et ensuite ?

P : **À 11 h**, je rencontre un **entraineur sportif**.

L : Moi aussi, je le rencontre **lundi** ! Et après ?

P : **À midi**, c'est la pause-déjeuner.

M : Mon moment préféré !

P : Après, **à 13 h**, c'est le tour du **pharmacien**.

M : **Pharmacien**, c'est intéressant !

P : Oui. J'aime bien ce métier.
À 14 h, je rencontre une **zoologiste**.

L : J'adore !

M : Pas moi. Je n'aime pas beaucoup les animaux...

L : Moi, j'ai envie de travailler dans un zoo.

M : Et après la **zoologiste** ?

P : Après, **à 15 h**, je rencontre un dessinateur de **bandes dessinées**.

M : La chance ! J'aime beaucoup les **BD**. J'ai envie de le rencontrer !

P : Il est là **vendredi** seulement... Pas la semaine prochaine.

M : Dommage !

L : Ne t'inquiète pas, Mathis. Il y a un autre forum des métiers le mois prochain.

M : Le mois prochain ! C'est long d'attendre un mois pour savoir ce qu'on va faire toute sa vie !

À TOI DE PARLER

Fais la liste de tous les métiers que tu connais.

GRAMMAIRE

Indiquer la date

(article) + (jour de la semaine) + date + mois + année

le dimanche 1er mai 2026, le samedi 23 avril 2035

le 1er mai 2026, le 23 avril 2035

Rappels :

Les jours de la semaine sont : **lundi, mardi, mercredi, jeudi, vendredi, samedi et dimanche**.

Les mois de l'année sont : **janvier, février, mars, avril, mai, juin, juillet, août, septembre, octobre, novembre, décembre**.

Indiquer l'heure

minuit = le milieu de la nuit (0 h)

de 1 h à 11 h = le matin

12 h = midi

de 13 h à 18 h = l'après-midi

de 18 h à 23 h = la soirée

On utilise la préposition « à » pour indiquer l'heure.

J'ai rendez-vous à 17 h.

VOCABULAIRE

une journée d'orientation = un forum pour découvrir des études, des métiers
un métier = une profession, le travail que l'on fait
un banquier/une banquière = une personne qui travaille dans une banque
un biologiste/une biologiste = une personne qui fait de la biologie *(science du vivant)*
un entraineur sportif/une entraineuse sportive = un coach pour le sport
un pharmacien/une pharmacienne = une personne qui vend des médicaments
un zoologiste/une zoologiste = une personne qui travaille avec des animaux *(dans un zoo par exemple)*
une bande dessinée = une BD = un livre avec des images dans des cases

C'est le moment de mettre en pratique ce que tu as appris !
Ouvre ton cahier d'exercices **page 17.**

Un cadeau fait maison

Mathis : Léa, tu **peux** m'aider ?

Léa : Bien sûr que je **peux** t'aider. Qu'est-ce que tu **veux** ?

M : Je **veux** les petites **planches** là, sur la table, s'il te plait.

L : Celles-là ? Tiens !

M : Tu **peux** aussi me donner la **colle** ?

L : Oui, bien sûr !

M : Je veux le pinceau aussi, s'il te plait.

L : Tiens. C'est bon ?

M : Oui, merci !

Paul : Salut, salut !

L : Oh bonjour, Paul. Tu vas bien ?

P : Oui merci, et vous ?

M : Ça va, ça va.

P : Qu'est-ce que vous faites ?

M : Un cadeau d'anniversaire de mariage pour nos parents. Ils ne **veulent** pas de cadeau mais nous **voulons** leur faire une **surprise**.

L : Nous ne **pouvons** pas leur acheter un cadeau : nous n'avons pas d'argent. Mais nous **pouvons** fabriquer quelque chose.

P : Euh... Et qu'est-ce que c'est ?

L : Ben… Une boite à thé ! Pour mettre les **sachets** !

M : Papa adore prendre un bon thé chaud, en hiver !

L : Il aime boire du thé en été aussi, en fait !

P : Mais, vous **voulez** faire un cadeau à votre père ou à votre mère ?

L : Aux deux ! Maman aime le thé aussi : elle **peut** en boire à longueur de journée !

M : C'est vrai !

P : C'est une bonne idée de cadeau en tous les cas ! Pouvez-vous m'en faire une pour mes parents ?

L : Oui, bien sûr ! De quelle couleur tu **veux** ta boite ?

P : Mes parents aiment le bleu et le violet.

M : Parfait ! Tu **peux** venir mardi prochain !

P : Merci ! Vous êtes super sympas !

L : Pas de souci ! Ah, au fait, c'est 30 euros.

À TOI DE PARLER

Pose ces questions à un ami ou une amie et demande-lui de donner la bonne réponse. Puis inversez les rôles !

– Tu veux un gâteau ? / Oui, je veux bien.
– Et vous ? Vous voulez un gâteau ? / Oui, nous voulons un gâteau !
– Veux-tu prendre ce gâteau ? / Oui, je veux prendre ce gâteau.
– Peux-tu venir ? / Oui, je peux venir.
– Veulent-ils venir ? / Oui, ils veulent venir.
– Voulez-vous venir ? / Non, nous ne voulons pas venir !

GRAMMAIRE

Vouloir et pouvoir

	POUVOIR	VOULOIR
je	peux	veux
tu	peux	veux
il/elle/on	peut	veut
nous	pouvons	voulons
vous	pouvez	voulez
ils/elles	peuvent	veulent

sujet + vouloir + article + (adjectif) + nom/verbe
=> Je veux un nouveau jeu. / Je veux aller au stade.
sujet + pouvoir + verbe => Je peux voler!

VOCABULAIRE

une planche = une pièce de bois plate
la colle = une matière qui permet de faire tenir ensemble deux éléments
une surprise = un événement ou une chose qu'on n'attendait pas
un sachet = un petit sac en papier ou en plastique

C'est le moment de mettre en pratique ce que tu as appris!
Ouvre ton cahier d'exercices **page 19.**

Le **nouveau**

Mathis : Quel idiot !

Léa : **Ça**, c'est clair !

M : Il est tellement dé**sa**gréable **ce** gar**ço**n.
Un vrai gla**ç**on !

L : Tu as rai**s**on !

M : Pendant la le**ço**n de de**ss**in,
il fait **toujours** tomber sa cha**ise**.

L : Il fait un bruit !

M : À la cantine, il renverse l'eau sur le sol.

L : Il n'e**ss**uie même pas !

M : À la **bibliothèque**, il ne parle pas, il **cr**ie !

L : **C'e**st aga**ça**nt !

M : Au stade, il pa**ss**e **toujours** devant tout le monde.

L : Il est mal élevé !

M : Oh oui ! Il est trop **cu**rieux aussi !

L : Oui ! Il pose **tout le temps** des questions.

M : Il parle **sans arrêt**.

L : Il est a**ss**ez insupportable...

M : C'est un **cyborg** !

L : Oui, toute la cla**sse** est **co**ntre lui.

Paul : Salut ! Vous parlez de qui ?

M : Oh, de Tom... Le nouveau ! Il est **casse-pied** !

P : Tom ? Le grand avec des cheveux longs ?

L : Oui. Tu le **co**nnais ?

P : Oui.

M : Tu ne le trouves pas aga**ça**nt, toi au**ssi** ?

P : **Parfois**, si.

L : Moi, je ne l'aime pas, en tout **ca**s. Et toi, Paul ?

P : Moi... je suis obligé de pa**ss**er du temps avec lui : c'est mon **co**usin et mon voi**si**n !

À TOI DE PARLER

Dans le dialogue, trouve tous les mots avec des sons [s] et [k]. Répète-les plusieurs fois.

ORTHOGRAPHE

« s » ou « ss », « c » ou « ç »

GRAPHIE	SON	EXEMPLES
« **s** » entre deux voyelles	[z]	raison/maison
deux « s » entre deux voyelles	[s]	dessin/tousser
« **c** » suivi de « a, o, u »	[k]	cantine/couleur/culture
« **c** » suivi de « e, i, y »	[s]	cerise/ciseaux/cycle
« **ç** » suivi de « a, o, u »	[s]	ça/caleçon/reçu

VOCABULAIRE

une bibliothèque = un lieu pour emprunter des livres *(pas les acheter)*
tout le temps = sans arrêt = toujours = en permanence
un cyborg = un robot de forme humaine
casse-pied = agaçant, énervant
parfois = de temps en temps

C'est le moment de mettre en pratique ce que tu as appris !
Ouvre ton cahier d'exercices **page 20.**

Un emploi du temps chargé

Paul : Eh bien... Je suis **épuisé** !

Mathis : Moi aussi, Paul, moi aussi !

P : Le lundi, je **joue** au rugby.

M : C'est vrai, tu **joues** au rugby ? Tu as de la chance ! Ma mère **refuse** les sports violents.

P : Ce n'est pas violent !

M : Ce n'est pas ce qu'elle **pense**... Moi, le lundi, je **joue** au tennis.

P : Le mardi, nous **rentrons** à 20 h après mon cours de guitare.

M : **J'adore** la guitare !

P : Pas moi ! Ça fait mal aux doigts ! Le mercredi, j'ai natation.

M : Le mercredi, Léa et moi, on n'**arrête** pas !

P : Ah oui, c'est vrai, vous **jouez** au badminton tous les deux.

M : Oui, c'est sympa ! Après, nous **emportons** nos raquettes et nous **filons** au stade pour notre **entrainement** d'athlétisme.

P : Le jeudi, moi, je **pratique** les **échecs**.

M : Tu **pratiques** et tu gagnes !

P : Oui, je suis plutôt bon !

Léa : Bonjour, les garçons !

P : Salut, Léa.

M : Ça va ? Où vas-tu comme ça ?

L : Au supermarché. Je vais acheter de quoi faire un gâteau pour ce soir. Les parents ne **rentrent** pas avant 23 h, donc on se **débrouille** tout seuls pour le dîner.

M : As-tu de quoi payer ?

L : Oui, je **paye** avec mon argent, ne t'**inquiète** pas !

M : Nous **invitons** Paul, du coup !

L : Cher Paul, vous êtes invité, bien sûr !

P : D'accord ! J'**envoie** un message à mes parents pour les prévenir. Ouf, c'est le week-end. On va pouvoir se reposer !

M : Se reposer ? Mais on a des devoirs à faire en maths, en français, en histoire, en anglais...

P : Alors ça va être deux parts de gâteau pour moi !

À TOI DE PARLER

Et toi ? Que fais-tu comme activités pendant la semaine ?

GRAMMAIRE

Verbes au présent du premier groupe en -er

aimer, acheter, ajouter, appeler, arriver, appuyer...

	AU PRÉSENT	QUELQUES PARTICULARITÉS			
	aimer	**manger**	**lancer**	**appeler**	**appuyer**
je/j'	aime	mange	lance	appelle	appuie
tu	aimes	manges	lances	appelles	appuies
il elle on	aime	mange	lance	appelle	appuie
nous	aimons	mangeons	lançons	appelons	appuyons
vous	aimez	mangez	lancez	appelez	appuyez
ils elles	aiment	mangent	lancent	appellent	appuient

VOCABULAIRE

épuisé/e = très très très fatigué/e

un entrainement = une session de sport

se débrouiller = faire quelque chose tout seul

C'est le moment de mettre en pratique ce que tu as appris !
Ouvre ton cahier d'exercices **page 22.**

Que **d'activités !**

Léa : Salut, Paul !

Paul : Oh ! bonjour, Léa. Comment vas-tu ?

L : Bien et toi ? Mathis dit que tu fais de la **guitare**.

P : Oui, depuis quatre ans.

L : C'est super ! C'est ta **guitare** ?

P : Non, c'est la **guitare de** ma mère.

L : Elle est belle.

P : Merci ! Elle vient de **Bogota**.

L : Au Chili ?

P : Euh non… En Colombie.

L : **Ouais**, bon, je suis nulle en **géographie** !

P : Ce sont deux pays **d'**Amérique du Sud… Ce n'est pas si loin !

L : C'est vrai !

P : Toi, tu fais du badminton ?

L : Oui, mais je veux absolument essayer le **golf**.

P : Tu n'aimes pas le badminton ?

L : Pas trop. C'est le choix **de** mon frère.

P : Ma pauvre…

L : Ne t'inquiète pas ! Je prépare ma **vengeance**.

P : Vraiment ?

L : Oui ! On choisit **chacun son tour** et, l'année prochaine, c'est **gymnastique** !

P : Et Mathis n'aime pas la **gymnastique** ?

L : Il déteste ça !

P : Moi, je veux apprendre à faire de la **magie** !

L : Le frère **de** ma meilleure amie en fait !

P : C'est vrai ?

L : Oui ! Il adore ça ! Il adore faire des **blagues**.

P : Bon, je rentre. Je suis **gelé**. Tu veux un peu du **gâteau de** ma mère ?

L : Non, c'est **gentil**, je n'ai pas faim. Je vais à la **gare** chercher la cousine **de** ma tante.

P : C'est **gentil**, ça !

L : Je n'ai pas le choix ! Je suis la seule **disponible** !

À TOI DE PARLER

Fais la liste de tous les mots du dialogue avec un « g ».
Répète plusieurs fois ces mots.

VOCABULAIRE

ouais *(familier)* = oui
une vengeance = faire quelque chose de méchant à quelqu'un qui nous a fait du mal
chacun son tour = l'un après l'autre
la magie = faire des tours de cartes ou d'autres tours non explicables
disponible = être libre de faire quelque chose, avoir le temps de le faire

ORTHOGRAPHE

La lettre « g »

Elle se prononce de différentes façons selon la lettre qui suit :

- « **g** » se prononce [g] quand il y a un « **a** », un « **o** », un « **u** », un « **l** » ou un « **r** » après : **ga**re, **ga**rde, ri**go**lo, **go**lf, dé**gu**ster, **gl**ace, **gl**isser, **gr**âce, **gr**otte.

- « **g** » se prononce [j] quand il y a un « **e** », un « **i** » ou un « **y** » après : **gi**rafe, ma**gi**e, **ge**lé, **gy**mnastique.

- « **g** » + « **u** » (« **gu** ») = se prononce [g] quand il y a un « **e** » ou un « **i** » après : **gui**de, **gue**rre.

- « **g** » + « **e** » (« **ge** ») = se prononce [j] quand il y a un « **a** », un « **o** » après : ven**gea**nce, villa**geo**is.

Exprimer l'appartenance

chose + de + propriétaire

article + nom (+ adjectif) **+ de + article + nom** (+ adjectif)

=> le sac de ma sœur / la porte de la maison rouge

C'est le moment de mettre en pratique ce que tu as appris !
Ouvre ton cahier d'exercices **page 23.**

ÉPISODE 14

Un beau parc **animalier**

Paul : C'est un **grand** parc **animalier**.

Léa : Oui, c'est un **bel endroit**.
Il y a beaucoup d'animaux **sauvages**.

P : Il y a aussi des **animaux domestiques** ?

L : Oui, quelques animaux de ferme.

P : Regarde cette **belle** girafe !

L : Elle est **immense** ! Tu vois sa langue **violette** ?

P : Oui ! C'est un **drôle** d'animal.

L : Viens ! On va voir les autruches.

P : Elles ont des plumes très **douces**.

L : Oui, mais elles pincent fort avec leur bec. Oh ! Regarde ce **gros** lion **féroce**, là-bas.

P : **Féroce**, **féroce**... Il a l'air endormi. Bon, on va voir les zèbres ?

L : D’accord. Ce sont des animaux **magnifiques** !

P : Et là ? Qu’est-ce que c’est ?

L : Des okapis.

P : Des quoi ?

L : Des okapis, ce sont des animaux très **peureux**.

P : Ah… D’accord… Et ça ? C’est quoi ?

L : Ça ? C’est un **jeune soigneur**.

P : Il a l’air **bizarre…**

L : Oui, tu as raison.

P : Qu’est-ce qu’il fait par terre ?

L : Je crois qu’il **imite** le **petit** singe…

P : Regarde. Il saute en l’air !

L : Oui ! Et il crie comme un animal **sauvage**.

P : Regarde le **vrai** singe ! Tu as vu sa tête !

L : Il s’en va ! On dirait qu’il a peur !

P : Oui, je crois qu’il trouve le **soigneur** complètement **fou** !

À TOI DE PARLER

Regarde autour de toi : décris ce que tu vois avec des adjectifs différents.

ÉPISODE 14

Boite à **outils**

GRAMMAIRE

Les adjectifs

En général : **déterminant + nom +** adjectif => le jardin fleuri

Adjectifs de couleur : toujours placés derrière le nom.

la robe rouge

Adjectifs courts (beau, bon, grand, gros, faux, haut, jeune, joli, mauvais, meilleur, nouveau, petit, vieux…) : toujours placés devant le nom

la grande maison / le petit garçon / la haute tour

S'il y a deux adjectifs :

déterminant **+ adjectif n°1** + nom **+ adjectif n°2**

la grande maison rouge.

⚠ Parfois, la place de l'adjectif change le sens des mots.

Exemples :

- **grand**

  Un homme grand ≠ un grand homme

  Un homme grand = un homme qui a une grande taille

  Un grand homme = un homme qui fait des choses importantes, un personnage historique

dernier

la **dernière** semaine = la semaine qui arrive à la fin d'une période (mois, année...)

la semaine **dernière** = la semaine juste avant cette semaine

drôle

une **drôle** d'histoire = une histoire étrange

une histoire **drôle** = une histoire amusante

pauvre

un **pauvre** homme = un homme malchanceux

un homme **pauvre** = un homme qui n'a pas d'argent

VOCABULAIRE

un bel endroit = un endroit qui est beau.

un animal domestique = un animal qui vit avec les humains

immense = très très grand

un soigneur/une soigneuse = une personne qui s'occupe des animaux dans un zoo

imiter = faire de la même manière que *(un animal/une autre personne)*

C'est le moment de mettre en pratique ce que tu as appris !
Ouvre ton cahier d'exercices **page 25.**

Collectionneur en série

Léa : Oh ! mon Dieu ! Qu'est-ce que tu fais ?

Mathis : Je trie mes **collections**.

L : Mais il y en a partout !

M : Je sais ! J'ai trop de collections !

L : C'est quoi, ça ?

M : Ma collection de **timbres**. J'en ai **mille-cinq-cent-vingt-quatre**.

L : Tu as compté ?

M : Oui, j'ai aussi **soixante-dix-huit** coquillages et certainement des **millions** de grains de sable.

L : Des **millions** ? Sûrement des **milliards** !

M : J'ai aussi des **billes**...

L : Ah oui, les **billes**... Tu en as combien ?

M : **Vingt-et-une** grosses **billes** et **soixante-et-onze** petites.

L : J'ai des **billes** dans ma chambre si tu veux.

M : Non, merci ! J'ai aussi **trois-cents** cartes *Pokemon*.

L : **Trois-cent-deux**. Il y en a **deux** dans ma chambre...

M : Tu te rappelles Benjamin en CE2 ?

L : Oui ! Il dit qu'il a **mille** cartes *Pokemon*.

M : Non ! Plus de **deux mille** !

L : Ah oui ! Je me souviens : **deux-mille-six-cent-quatre-vingt**. Et ça, c'est quoi ?

M : Cette boite ? Ce sont mes cartes postales.

L : Les cartes postales que Mamie nous envoie ?

M : Oui. Il y a des cartes postales de Grèce, d'Italie, de Norvège, d'Islande mais aussi de Thaïlande, d'Inde, du Brésil et de Nouvelle-Zélande !

L : Mamie a fait le tour du monde !

M : Oui, c'est vrai. Mais, l'année prochaine, on n'aura pas de carte postale !

L : Pourquoi ?

M : Parce qu'on part en vacances avec elle !

À TOI DE PARLER

Écoute les nombres, répète-les et écris-les, en chiffres puis en lettres !

Boite à outils

ORTHOGRAPHE

0	zéro	11	onze	40	quarante
1	un	12	douze	50	cinquante
2	deux	13	treize	60	soixante
3	trois	14	quatorze	70	soixante-dix
4	quatre	15	quinze	80	quatre-vingts
5	cinq	16	seize	90	quatre-vingt-dix
6	six	17	dix-sept	100	cent
7	sept	18	dix-huit	1 000	mille
8	huit	19	dix-neuf	100 000	cent mille
9	neuf	20	vingt	1 000 000	un million
10	dix	30	trente	1 000 000 000	un milliard

ORTHOGRAPHE

- **vingt** => prend un « **s** » **s'il est au pluriel et qu'il n'y a rien derrière**
  six-cents/six-cent-douze *(sans « s »)*
- **cent** => prend un « **s** » **s'il est au pluriel et qu'il n'y a rien derrière**
  quatre-vingts/quatre-vingt-treize *(sans « s »)*
- **mille** est **invariable** : trois mille *(sans « s »)*
- **million** et **milliard** => prennent un « **s** » au pluriel
  trois millions/sept milliards

VOCABULAIRE

une collection = des objets du même type que l'on réunit
un timbre = une vignette à coller sur une enveloppe
une bille = une petite boule qu'on pousse avec les doigts pour la faire rouler

C'est le moment de mettre en pratique ce que tu as appris !
Ouvre ton cahier d'exercices **page 28.**

ÉPISODE
16

Mathis est **amoureux**

Paul : Qu'est-ce que tu as, Mathis ? Tu vas bien ?

Mathis : Oui, oui, Paul, ne t'inquiète pas. Je suis amoureux, c'est tout !

P : Ah bon ! Et de qui ?

M : Je ne sais pas.

P : Comment ça, tu ne sais pas ?

M : Non... je **réfléchis** encore !

P : Tu **réfléchis** ?

M : Oui ! C'est une décision importante.

P : Tu hésites entre deux filles ?

M : Oui, Manon ou Marion...

P : Et elles ? Sont-elles amoureuses de toi ?

M : Elles **rougissent** à chaque fois que je leur parle... C'est un signe, non ?

Léa : Coucou, les garçons !

P : Bonjour, Léa. Comment vas-tu ? Tu n'es pas amoureuse, toi ?

L : Euh, non... Pourquoi ?

P : Mathis est amoureux !

L : Encore !

P : Pourquoi encore ?

L : Mathis est tout le temps amoureux. Qui est-ce ? Anaïs ? Jade ? Amandine ?

M : Manon...

P : Marion...

L : Manon ou Marion ? Vous **finissez** par m'**agacer**. Bon, je vous laisse... Moi, j'ai rendez-vous avec une amie.

P : Léa **remplit** ma vie de bonheur...

M : Tu es amoureux de ma sœur ?

P : Non ! Tu es fou !

M : Ok. Bon... Alors, qu'est-ce que je fais ? Qui je **choisis** ?

P : Je ne sais pas...

M : Je vais **tirer à pile ou face** !

P : Bonne idée ! Nous **approuvons** cette décision !

M : Tu as une pièce de monnaie ?

P : Euh... Non...

M : Léa ? Léa ? Tu as une pièce ?

À TOI DE PARLER

Apprends ce petit dialogue par cœur et récite-le en prenant deux voix différentes :

– Mathis est amoureux de Marion.

– Non, Mathis est amoureux de Manon.

– Et Paul est amoureux de Léa.

– Mais non, Paul n'est pas amoureux de Léa.

GRAMMAIRE

Verbes du 2e groupe en -ir

finir, choisir, salir, haïr, atterrir, désobéir, punir, vieillir, surgir, fleurir...

⚠ Certains verbes en -ir sont du 3e groupe (voir page 73).

je	finis
tu	finis
il/elle/on	finit
nous	finissons
vous	finissez
ils/elles	finissent

VOCABULAIRE

rougir = avoir les joues rouges à cause d'une émotion forte
agacer = énerver
tirer à pile ou face = lancer une pièce de monnaie en l'air pour faire un choix
applaudir = taper des mains pour féliciter ou montrer sa joie

C'est le moment de mettre en pratique ce que tu as appris!
Ouvre ton cahier d'exercices **page 29.**

Tous **au match !**

Mathis : Viens, Léa ! On peut s'assoir là.

Léa : Oui, on voit mieux d'ici.

M : On a bien fait d'arriver tôt.

L : C'est une bonne idée de venir voir Paul jouer.

M : Oui ! Maman ne veut pas qu'on joue au rugby, mais on a le droit de regarder les autres !

L : Regarde là-bas ! Paul est en train de **s'échauffer**. Ils sont déjà **tous** en maillot.

M : Oui. Je vois Paul avec **tous** ses **coéquipiers**.

L : Tu connais **toutes** les règles ?

M : Non. On va voir ce que l'arbitre dit **tout** au long du match.

L : Oui. Tu as raison.

M : **Toute** la tribune est pleine. Il y a vraiment beaucoup de monde aujourd'hui.

L : Oui. C'est vrai. L'équipe de Paul est vraiment très **populaire**.

M : **Toute** la ville semble être là.

L : **Tout** le collège en **tout** cas. Je vois Victor et Maxime là-bas.

M : Ah oui, ils sont au **premier rang**.

L : Paul dit qu'ils ne ratent aucun match.

M : Ce sont ses plus grands **fans** !

L : Nous, c'est la première fois que nous venons.

M : C'est vrai, mais c'est tellement long **tous** ces matchs...

L : Ah bon... Ça dure combien de temps ?

M : Un peu plus d'une heure...

L : Une heure... Ça va...

M : Oui, enfin, sans les **arrêts de jeu** pour **toutes** les **blessures**...

L : Ouh là... Dans ce cas, on peut en avoir pour plusieurs heures. Heureusement que j'ai apporté à manger !

À TOI DE PARLER

Fais des phrases avec « tout », « toute », « tous », « toutes ». Écoute à nouveau le dialogue si nécessaire.

GRAMMAIRE

Tout, toute, tous, toutes

tout	masculin singulier	tout le mois
toute	féminin singulier	toute l'école
tous	masculin pluriel	tous les joueurs
toutes	féminin pluriel	toutes les semaines

Tous (prononcer le « **s** » à la fin) + ∅ = tout le monde
Ils sont tous venus à la fête.

VOCABULAIRE

s'échauffer = faire des exercices avant le sport
un coéquipier/une coéquipière : quelqu'un de la même équipe
populaire = très apprécié, célèbre, connu
le premier rang = les chaises placées juste devant
un fan/une fan = un admirateur/une admiratrice, un supporteur/une supportrice
un arrêt de jeu = une interruption, un moment où le jeu s'arrête
une blessure = le résultat d'un coup reçu ou d'un accident

C'est le moment de mettre en pratique ce que tu as appris !
Ouvre ton cahier d'exercices **page 30.**

Le marché de **Noël**

Paul : J'adore Noël !

Léa : Moi aussi ! Surtout les lumières et les décorations dans les rues.

Mathis : Tu as vu **cet** énorme sapin sur la place de la mairie ?

L : Oui, il est **gigantesque** et très bien décoré.

P : **Ce marché de Noël** est petit, mais il a l'air sympa.

L : Oui, venez, il y a du chocolat chaud !

M : Hum, c'est trop bon !

P : Venez par-là, je veux acheter **ces** bougies pour ma mère.

L : C'est dans **cette** allée ?

P : Non, dans **celle-là**.

M : Elles sont **chouettes**. Tu vas choisir quelles couleurs ?

P : Une rouge et une dorée. Ma mère adore **ces** couleurs.

L : Regarde, Mathis. **Ce puzzle** en bois !

M : Pour maman ?

L : Mais non, pour Bastien, notre **petit cousin**.

M : Ah oui ! Bonne idée.

P : **Ces puzzles** sont très jolis. Tu vas prendre la voiture ou la maison ?

L : Plutôt **celui-ci**.

M : L'ours ? Bon choix !

P : Et pour vos parents, qu'allez-vous acheter ?

M : Je n'ai pas trop d'idée...

L : Regarde **ces paniers garnis**, Mathis. C'est une bonne idée, ça, non ?

M : Oui, pourquoi pas...

L : **Celui-là**, avec la bouteille de vin ?

M : Non, plutôt **ceux-là**, avec les chocolats.

L : Deux paniers ? Un pour maman et un pour papa ? Ok. Bonne idée !

M : Et toi, Paul ? Qu'est-ce que tu offres à ton père ?

P : Mon père ? Rien ! C'est ma mère qui achète ses cadeaux.

M : Ah bon, pourquoi ?

P : Il n'est jamais content de ses cadeaux.
Alors je préfère quand c'est ma mère qui les offre !

À TOI DE PARLER

Est-ce que tu aimes Noël ? Qu'est-ce que tu aimes ? Le sapin ? Les cadeaux ? Le repas ?

GRAMMAIRE

Les démonstratifs

ce	masculin singulier	ce sac
cet	masculin singulier + voyelle	cet arbre
cette	féminin singulier	cette école
ces	masculin ou féminin pluriel	ces manteaux ces chaussures
celui-là/ celui-ci	masculin singulier	Ce livre ? Non, celui-là/celui-ci.
celle-là/ celle-ci	féminin singulier	Cette porte ? Non, celle-là/celle-ci.
ceux-là/ ceux-ci	masculin pluriel	Ces pulls ? Non, ceux-là/ceux-ci.
celles-là/ celles-ci	masculin pluriel	Ces lunettes ? Non, celles-là/celles-ci.

Celui-ci/celui-là

celui-ci est utilisé pour désigner des choses plutôt proches, et **celui-là** est utilisé pour des choses plutôt éloignées.
La différence sert surtout à marquer un contraste.
– Tu veux celui-ci ? Non, pas celui-ci, celui-là !

VOCABULAIRE

gigantesque = très très très grand/e ou gros/se
un marché de Noël = un endroit où on peut acheter des cadeaux de Noël, des boissons et de la nourriture
chouette = super, génial, plaisant
un puzzle = un jeu avec plusieurs pièces à assembler
un panier garni = un panier avec plusieurs produits qu'on offre en cadeau

C'est le moment de mettre en pratique ce que tu as appris !
Ouvre ton cahier d'exercices **page 32.**

ÉPISODE
19

Une **visite historique**

Léa : C'est une bonne idée, cette visite à Verdun.

Mathis : Peut-être, mais qu'est-ce qu'il fait froid !

L : C'est vrai. Imagine les soldats dans les **tranchées** pendant la guerre, en plein hiver...

M : Brrrr ! Les pauvres !

L : Je **dois** avouer que ça me déprime un peu...

Paul : Ah, vous êtes là ! Vous **savez** qu'on va au musée après ?

M : Tant mieux ! On va **pouvoir** se réchauffer. Je suis gelé.

L : Je trouve que c'est bien de venir sur les **lieux de mémoire**.

P : Je suis d'accord avec toi. C'est important.

M : Oui, mais, à Verdun, il fait très froid.

P : Arrête de **te plaindre** sans arrêt ! Tiens, je te prête mon écharpe. Vous **voyez** tous ces trous dans le sol ? Ce sont les trous laissés par les bombes.

L : C'est **impressionnant** à voir.

P : Oui, on ne peut pas **se rendre compte** de ça dans un livre.

M : Oh non ! Tu as raison. Et maintenant, il pleut !

L : Venez ! On va au musée.

M : Combien **vaut** le ticket d'entrée ?

L : 6 euros, mais, pour nous, c'est gratuit.

P : Regardez ces vitrines et tous ces objets d'époque.

M : Ils **reçoivent** beaucoup de visiteurs, dis-donc.

L : C'est vrai qu'il y a beaucoup de collégiens tous les ans.

P : Regardez les tenues des soldats.

M : Les casques ont l'air lourd. Tu **vois** les fusils ? Ils sont immenses.

L : Oui. Et regardez, là, une bombe !

P : Tu **crois** qu'elle peut encore exploser ?

M : Mais non... Enfin...

L : Reculez doucement les garçons, on ne **sait** jamais...

À TOI DE PARLER

Et toi ? Aimes-tu l'histoire ?
Crois-tu que c'est important de visiter des lieux de mémoire ?

ÉPISODE 19

Boite à **outils**

GRAMMAIRE

Verbes du 3e groupe en -oir

voir, prévoir, recevoir, savoir, devoir, valoir, croire, s'assoir, pleuvoir...

	VOIR	RECEVOIR	SAVOIR	DEVOIR	VALOIR	CROIRE
je	voi**s**	reçoi**s**	sai**s**	doi**s**	vau**x**	croi**s**
tu	voi**s**	reçoi**s**	sai**s**	doi**s**	vau**x**	croi**s**
il elle on	voi**t**	reçoi**t**	sai**t**	doi**t**	vau**t**	croi**t**
nous	voy**ons**	rec**evons**	sa**vons**	de**vons**	val**ons**	croy**ons**
vous	voy**ez**	rec**evez**	sa**vez**	de**vez**	val**ez**	croy**ez**
ils elles	voi**ent**	reçoi**vent**	sa**vent**	doi**vent**	val**ent**	croi**ent**

VOCABULAIRE

une tranchée = un trou creusé tout en longueur dans la terre

un lieu de mémoire = un endroit où un événement historique s'est déroulé

se plaindre = exprimer/dire qu'on n'est pas content/e

impressionnant/e = très beau/belle, très grand/e, très rapide, très émouvant/e, etc.

se rendre compte = comprendre

C'est le moment de mettre en pratique ce que tu as appris!
Ouvre ton cahier d'exercices **page 33.**

Jour d'**élection**

Léa : Tu **viens**, Paul ? On va au collège.

Paul : Je suis prêt, Léa. En route !

L : Eh, pas si vite ! Pourquoi tu **cours** ?

P : J'ai hâte ! Aujourd'hui, c'est jour d'élection.

L : Jour d'élection ?

P : Oui, les élections des **délégués de classe**.

L : Ah oui, c'est vrai !

P : Tu vas te présenter ?

L : Sûrement pas !

P : Pourquoi ?

L : Tous les **candidats mentent**.

P : Ce n'est pas vrai ! Moi, je **tiens mes promesses**.

L : Tu es sûrement le seul !

P : En tout cas, je me présente, c'est certain.

L : Bon, alors, je vais voter pour toi, c'est promis.

P : Merci. Moi, je **soutiens** toujours les élèves.

L : C'est vrai ? Même si nous **dormons** en classe ?

P : Oui ! Je vais demander un dortoir pour faire la **sieste** !

L : Je sens que tu vas être élu !

P : J'espère bien ! Veux-tu faire partie de mon équipe ?

L : Pourquoi pas !

P : Super ! On va préparer des affiches !

L : Mais attention ! Si je découvre dans quelques jours que tu ne **soutiens** pas suffisamment les élèves, je **pars** de ton équipe.

P : Non, Léa. Ne me quitte pas ! Je vais **soutenir** tous les élèves !

L : Ok. Je reste ! Allez, ils **ouvrent** la porte ! On y va !

P : Pourquoi personne n'est là ?

L : Je ne sais pas. C'est bizarre...

P : Mme Mercier ? Mme Mercier ?

Mme Mercier : Oh, bonjour Paul. Que se passe-t-il ?

P : Je veux déposer ma **candidature**, s'il vous plait.

Mme Mercier : Déposer ta **candidature** ?

P : Oui, pour les **délégués** de classe.

Mme Mercier : Mais, ce n'est pas aujourd'hui. C'est la semaine prochaine !

P : Quoi ? Encore une semaine à attendre ?

L : Ce n'est pas grave. On va **peaufiner** ta campagne !

À TOI DE PARLER

Est-ce que tu aimes être délégué/e de classe ?
Est-ce que tu penses que c'est important ?

GRAMMAIRE

Verbes du 3e groupe en -ir

venir, partir, sortir, ouvrir, mentir, sentir, tenir, cueillir, offrir...

	VENIR	OUVRIR	FUIR
je	vien**s**	ouvre	fuis
tu	vien**s**	ouvres	fuis
il/elle/on	vien**t**	ouvre	fuit
nous	ven**ons**	ouvrons	fuyons
vous	ven**ez**	ouvrez	fuyez
ils/elles	vie**nnent**	ouvrent	fuient

VOCABULAIRE

un délégué/une déléguée de classe = un ou une élève élu/e par les autres pour représenter la classe

un candidat/une candidate = une personne qui se présente à une élection

tenir sa promesse = faire ce qu'on a dit

une sieste = un temps de repos dans l'après-midi

une candidature = le fait de se porter candidat à une élection

peaufiner = améliorer

C'est le moment de mettre en pratique ce que tu as appris !
Ouvre ton cahier d'exercices **page 35.**

Miam, **des crêpes !**

Mathis : Qu'est-ce que tu fais, Léa ?

Léa : Je fais des crêpes.

M : Des crêpes ?

L : Oui, c'est la **Chandeleur** aujourd'hui !

M : Ah oui, c'est vrai. C'est une bonne idée.

L : Non, Mathis, tu **attends**. Tu ne **prends** pas une crêpe tout de suite !

M : Pourquoi ? J'ai faim !

L : J'ai un autre projet : nous ne mangeons pas ces crêpes, mais nous les **vendons** pendant le **vide-grenier**.

M : Tu veux **vendre** ces crêpes… C'est dommage…

L : Nous **descendons** une table et nous **prenons** une place à côté de la table de nos parents. Et tu **vends** ces crêpes avec moi.

M : Tu veux que j'installe la table et les chaises ?

L : Oui. Je veux bien. **Attends** ! Tu **réponds** à mon **portable**, s'il te plait ?

M : Allo ? Paul, tu m'**entends** ?

L : Qu'est-ce qu'il veut ?

M : Il **apprend** ses cours d'Histoire et ne **comprend** pas l'exercice 3.

L : C'est le 4 qu'il faut faire.

M : Paul ? C'est le 4 qu'il faut faire. Tu viens ? C'est la **Chandeleur**. On mange des crêpes. À tout de suite ! Il arrive.

L : Non. Il ne faut pas manger les crêpes. Il faut les **vendre**.

M : Arrête ! On peut manger quelques crêpes quand même !

L : Je te connais, Mathis. Et je connais Paul. Vous allez tout manger !

M : Promis, on va garder quelques crêpes pour les **vendre**.

L : Quelques crêpes ?

M : Oui… Trois ou quatre !

À TOI DE PARLER

Quelles sont les traditions de ton pays concernant la nourriture ? Est-ce que tu aimes ces spécialités ? Quelle est ta préférée ? Pourquoi ?

GRAMMAIRE

Les verbes en -dre au présent

	APPRENDRE
j'	apprends
tu	apprends
il/elle/on	apprend
nous	apprenons
vous	apprenez
ils/elles	apprennent

VOCABULAIRE

la Chandeleur = une fête pendant laquelle on fait des crêpes (le 2 février)
un vide-grenier = un endroit où les gens vendent des objets de seconde main
un portable = un téléphone portable

C'est le moment de mettre en pratique ce que tu as appris!
Ouvre ton cahier d'exercices **page 36.**

La **Saint-Valentin**

Paul : Oh ! mon Dieu ! Mais qu'est-ce que c'est que ça ?

Léa : Mes cartes de Saint-Valentin. J'en reçois depuis plusieurs années.

P : Tout ça ? Combien en as-tu ?

L : Je ne sais pas. Il faut que je compte.

P : Eh bien… Vous, les filles, vous ne **connaissez** pas si bien les garçons ! On est des grands **romantiques**, en fait.

L : Regarde, celle-là, un petit chat **apparait** quand tu ouvres la carte.

P : Trop **mignon** !

L : Attention, celle-là, il y a des **paillettes** à l'intérieur.

P : Je **promets** de faire attention.

L : Celle-là aussi est jolie avec les chevaux.

P : J'aime bien celle-ci avec la tour Eiffel.

L : Oui, j'en ai même une de l'étranger. Regarde, elle vient de New York.

P : Tu **connais** quelqu'un à New York ?

L : Oui. C'est le cousin de mon voisin Théo.

P : Ok. Tu **admets** que tu reçois beaucoup de cartes quand même ?

L : Oui, cette année, j'en ai encore plus que l'année dernière.

P : Vraiment ?

L : Oui ! Cette année, je **bats** mon record.

P : C'est quoi ton record ?

L : 36.

P : Quoi ? 36 cartes de Saint-Valentin ?

L : Oui. Tous les garçons **mettent** des cartes dans ma boite aux lettres !

P : Tous les garçons de la classe ?

L : Oui. Et ceux des autres classes aussi, parfois.

P : Et ils sont tous amoureux de toi ?

L : Amoureux de moi ? Bien sûr que non ! Ils m'aident juste à battre mon record !

À TOI DE PARLER

Aimes-tu battre des records ? Quels records ?
Sportif ? Au collège ?

GRAMMAIRE

Verbe du 3e groupe en -tre

connaitre, mettre, battre, débattre, apparaitre, admettre...

	CONNAITRE	METTRE
je	connais	mets
tu	connais	mets
il/elle/on	connait	met
nous	connaissons	mettons
vous	connaissez	mettez
ils/elles	connaissent	mettent

VOCABULAIRE

romantique = une personne qui aime exprimer ses sentiments amoureux
mignon/mignonne = joli/e
une paillette = un petit morceau brillant
admettre = reconnaitre, accepter quelque chose

C'est le moment de mettre en pratique ce que tu as appris !
Ouvre ton cahier d'exercices **page 40.**

Le **remplaçant**

Paul : Mathis, M. Morello n'est pas là !

Mathis : Ouais ! Deux heures **de** liberté ! Tu le dis **aux** autres ?

P : Non, il a un **remplaçant**.

M : Oh non ! C'est nul !

P : Oui, je sais. J'aime bien aller **au** skatepark, moi aussi, quand **un prof** est absent.

M : C'est sûr que c'est mieux que d'aller en cours de maths !

P : En plus, je suis sûr qu'il va crier.

M : Pourquoi ?

P : Parce que les **remplaçants** crient souvent pour montrer qu'ils ont **de** l'autorité.

M : Tu as raison.

P : Et je suis sûr qu'il va être désagréable.

M : Tu crois ?

P : Oui. Les **remplaçants**, **ça leur est égal** si on ne les aime pas ! Ils ne restent pas longtemps.

M : Ce n'est **pas faux**.

P : Je suis sûr qu'il va nous donner plein de devoirs.

M : Oh non !

P : Si. Les parents vont être contents.

M : C'est vrai ! Les parents aiment bien quand on a beaucoup de devoirs.

P : On va avoir **de la** géométrie et **du** calcul. **À tous les coups**.

M : C'est la période **des contrôles** en plus.

P : C'est vrai ! Ça va être l'horreur.

M : Il est absent combien de jours, M. Morello ?

P : Pas trop longtemps, j'espère...

M : Regarde ! Voilà M. Verdier, le **principal** !

P : Qui est la dame à côté de lui ? Elle a l'air sympa. En tout cas, elle sourit.

M : Je ne sais pas... Ne me dis pas...

P et **M :** C'est la **remplaçante** !

À TOI DE PARLER

Parle de tes amis : quelle est la matière qu'ils préfèrent ? Quelle est la matière qu'ils détestent ?

GRAMMAIRE

« de la » et « du »

⚠ « de le » est incorrect, on utilise « **du** » + nom masculin singulier
Nous allons manger **de la** soupe et **du** riz à midi.

De les => des + nom masculin pluriel
Nous allons prendre **de la** pizza avec **des** champignons.

à + **le** => au + nom masculin singulier
Nous allons **au** bowling le week-end prochain et **à la** plage pour les vacances.

à + **les** => aux + nom masculin pluriel
Maman parle **aux** garçons.

VOCABULAIRE

un remplaçant/une remplaçante = une personne qui prend la place d'une personne absente
un prof/une prof = un professeur/une professeure
un contrôle = une interrogation = un test
ça leur est égal = ils n'y font pas attention
ce n'est pas faux = c'est vrai
à tous les coups = à chaque fois
un principal/une principale = le directeur/la directrice d'un collège

C'est le moment de mettre en pratique ce que tu as appris !
Ouvre ton cahier d'exercices **page 41.**

C'est **carnaval!**

Mathis : Salut, Léa.

Léa : Salut, Mathis.

M : Qu'est-ce que tu fais ?

L : Je cherche un **déguisement**.

M : Ah oui, c'est vrai ! C'est **carnaval** demain !

L : Oui. C'est **carnaval et** je veux trouver le **déguisement** parfait !

M : Tu ne mets pas ton **déguisement** de licorne ?

L : Je l'adore, **mais** il est trop petit maintenant.

M : Il est trop petit, **donc** tu en cherches un autre.

L : Exactement !

M : Regarde ! Tu as le choix : magicienne **ou** fantôme !

L : Non ! Je ne veux pas être une magicienne **car** Sarah va porter son costume de sorcière.

M : Et pirate ?

L : Non ! Camille va se déguiser en pirate **or**, je ne la supporte pas, alors je ne veux pas avoir le même **déguisement**.

M : Ok. Je vois… Il faut une autre idée alors.

L : Oui ! C'est pour cela que je cherche.

M : Pourquoi pas… **hôtesse de l'air** ou policière ?

L : Non, **ni hôtesse de l'air ni** policière. J'ai bien mieux…

M : Quoi ?

L : Astronaute ! Regarde ce superbe **déguisement** !

M : Ah super !

L : Tu ne trouves pas que c'est une bonne idée ?

M : Si, si…

L : Et toi ? Tu vas te déguiser en quoi ?

M : Eh bien… Je ne sais pas…

L : Tu n'as pas d'idée ?

M : En fait, si.

L : Eh bien alors ?

M : Je voulais me déguiser en **astronaute** !

À TOI DE PARLER

Cite le plus de déguisements possible (au moins 10).

GRAMMAIRE

Les conjonctions de coordination

- **mais** => exprime le contraste
  J'adore la glace à la fraise, mais je vais prendre vanille.
- **ou** => donne le choix
  Veux-tu du jus d'orange ou du jus de pomme?
- **et** => additionne deux éléments
  Je veux de la pizza et une bouteille d'eau.
- **donc** => exprime une conséquence
  Il pleut donc je prends mon parapluie.
- **or** => exprime le contraste
  J'adore le rugby or ma mère ne veut pas que je joue.
- **ni** => exprime la négation => Je ne veux ni du riz ni des pâtes.
- **car** => donne une explication
  Je vais à la bibliothèque à pied car ce n'est pas loin de la maison.

VOCABULAIRE

un déguisement = un costume pour faire semblant d'être un autre
un carnaval = une fête où on se déguise
une hôtesse de l'air = une femme qui s'occupe des passagers d'un avion
un/une astronaute = une personne qui part dans l'espace

C'est le moment de mettre en pratique ce que tu as appris!
Ouvre ton cahier d'exercices **page 42.**

Le mariage de ma tante

Léa : Waouh, Paul ! Tu es très **élégant** !

Paul : Merci, Léa. **C'est l'occasion ou jamais**.

L : C'est vrai ! C'est le jour du mariage de ta tante aujourd'hui !

P : Oui. D'abord, on va à la **mairie**.

L : Vous n'allez pas à l'église ?

P : Non, c'est un **mariage civil**. Ma tante **ne** va **jamais** à l'église.

L : D'accord. Donc, vous allez à la **mairie**. Et après ?

P : Après, nous allons dans un joli restaurant, au bord d'une rivière.

L : Super ! C'est ta tante qui a choisi l'endroit ?

P : Non. Elle **ne** sait **rien** à propos du restaurant. C'est une surprise !

L : **Génial** ! Elle va être contente.

P : Oui ! C'est un endroit très romantique pour un mariage.

L : Et le **voyage de noces** ?

P : Je **ne** sais **toujours** pas. Elle **ne** dit **rien** à propos du voyage ! On sait juste que c'est loin !

L : Moi, je vais me marier à l'église et je vais faire mon **voyage de noces** en Polynésie.

P : Tu as tout prévu, dis-moi.

L : Oui ! **Il ne faut rien** laisser au hasard !

P : As-tu d'autres idées ?

L : Je veux mettre des roses blanches partout et porter une belle robe avec de la **dentelle**.

P : Vraiment ?

L : Oui. Et il va y avoir un orchestre pour la musique ! Pour danser toute la nuit !

P : Et tu ne crois pas que tu oublies quelque chose ?

L : Non, quoi ?

P : **Il** te **faut** peut-être un fiancé...

À TOI DE PARLER

Fais des phrases sur ce modèle : « Je ne vais jamais à la piscine. » « Je vais toujours au supermarché. »

GRAMMAIRE

La négation avec « jamais », « rien » et « toujours »

sujet + ne/n' + verbe + jamais => Je ne mange jamais d'épinards. *(ni aujourd'hui ni demain)*

sujet + ne/n' + verbe + rien => Nous ne voyons rien. *(nous ne voyons pas du tout)*

sujet + ne/n' + verbe + toujours + pas => Camille n'apprend toujours pas ses leçons. *(ni hier ni aujourd'hui)*

Verbe « falloir »

Il faut + verbe à l'infinitif => obligation/devoir

Il faut tourner à droite. = Tu dois tourner à droite.

VOCABULAIRE

élégant/e = bien habillé/e

c'est l'occasion ou jamais = c'est un moment spécial pour faire quelque chose

une mairie = un hôtel de ville

génial/e = super

un voyage de noces = un voyage qu'on fait après son mariage

la dentelle = un tissu avec des motifs qui laisse passer la lumière

C'est le moment de mettre en pratique ce que tu as appris !
Ouvre ton cahier d'exercices **page 44.**

L'exposé

Mathis : Qu'est-ce que tu fais ?

Léa : Ah Mathis ! Viens m'aider !

M : Pour faire quoi ?

L : Mon exposé !

M : Si tu veux ! Que dois-tu faire ?

L : Un exposé en sciences, **sur** les volcans. Regarde **dans** la boite.

M : Super mais... Ce n'est pas un peu fragile ?

L : Mais non... Enfin si, un peu. Il faut que je l'apporte **à** l'école demain.

M : C'est fini ?

L : Non, pas encore ! Tu peux me donner le papier bleu, là ?
Il est **sous** le livre, **sur** mon bureau.

M : Voilà !

L : Merci. Il faut aussi le **scotch**. Là, **à droite** du livre.

M : Ah oui ! Tiens !

L : Merci. Je vais fermer la boite avec de la **ficelle**. Elle est là, **à côté** de ma veste.

M : Elle vient **d'**où, cette **ficelle** ?

L : Elle vient **du** garage. Papa dit que je peux la prendre.

M : Ok. Si papa est d'accord. Et tu vas la transporter comment jusqu'au collège ?

L : **Derrière** moi, **sur** mon vélo.

M : Et si tu tombes ?

L : Je ne vais pas tomber !

M : Ne passe pas **par** le parc. Il y a trop de **bosses**.

L : Oui, mais il y a beaucoup de voitures **sur** l'avenue.

M : Et il y a le grand **carrefour**...

L : Et le rond-point...

L : En fait, je vais demander à papa de m'emmener en voiture !

À TOI DE PARLER

Regarde autour de toi et fais des phrases avec « sur », « dessous », « devant », « derrière », « à droite », « à gauche ». Par exemple : « Il y a un chien sous le banc du parc. »

GRAMMAIRE

Situer dans l'espace

à côté/à droite/à gauche
sous/sur/dans/derrière/devant

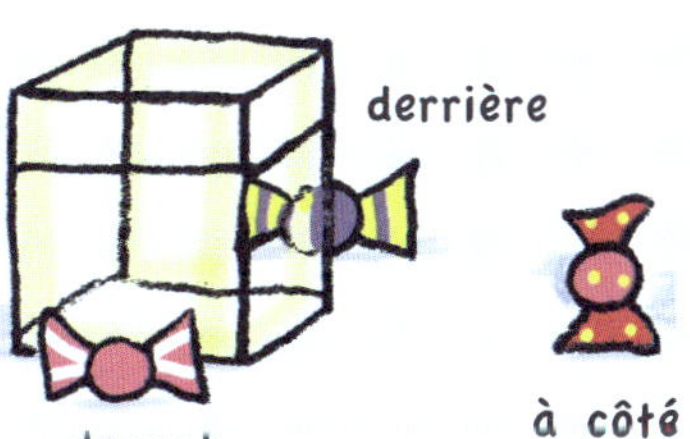

à/au/aux => indique la **destination**
=> à l'école/à Londres/
au Guatemala, aux États-Unis

de/d'/du => indique la **provenance**
=> Je viens de France,
d'Italie, du Danemark.

par => indique qu'**on traverse** un lieu
=> Je passe par le jardin.

vers => indique la **direction**
=> Je marche vers la gare.

VOCABULAIRE

le scotch = du ruban adhésif *(qui colle)*
la ficelle = une corde fine
une bosse = une forme arrondie *(sur le sol ou sur le dos d'un dromadaire, par exemple)*
un carrefour = un croisement de deux grandes rues/routes

C'est le moment de mettre en pratique ce que tu as appris !
Ouvre ton cahier d'exercices **page 45.**

L’épidémie

Paul : Salut, Mathis.

Mathis : Salut, Paul. Qu’est-ce qui se passe **aujourd’hui** ? Tout est **silencieux**...

P : C’est une épidémie de **grippe**.

M : **En** hiver, cela arrive parfois.

P : Oui, mais là, la moitié du collège est absente.

M : C’est vrai. Ça fait beaucoup de monde.

P : Et **il y a** plusieurs jours que **ça dure**.

M : Ah oui, quand même... C’est vrai que Mme Abéda était absente **hier**. Et M. Lorenzo depuis **avant-hier**.

P : Et **demain**, je vais peut-être tomber malade, moi aussi, et **après-demain**, ça va être toi !

M : Arrête, ce n’est pas drôle.

P : C’est vrai, ce n’est pas très drôle. Amed est malade **depuis** quatre jours et il a de la **fièvre**.

M : Ça peut durer **pendant** plusieurs jours.

P : Ils vont sûrement annuler la sortie au musée **la semaine prochaine**.

M : Je ne veux pas être malade ce week-end. J’ai une compétition d’athlétisme.

P : Tu sais, on ne choisit pas !

M : Regarde ! Voilà Mme Chardy.

Mme Chardy : Les garçons ! Qu'est-ce que vous faites là ?

P : Pourquoi ?

Mme Chardy : On ferme le collège **dans** 5 minutes.

M : Vous fermez ?

Mme Chardy : Oui. Rentrez chez vous ! Tout le monde est malade.

P : Mais... On a un contrôle de maths ce matin !

Mme Chardy : Pas **aujourd'hui**, Paul, désolée.

M : Ne soyez pas désolée, madame ! Je vais rentrer chez moi et jouer aux jeux vidéo **jusqu'à** la fin de l'épidémie !

À TOI DE PARLER

Fais plusieurs phrases en utilisant les mots de la Boite à outils pour expliquer ce que tu as fait et ce que tu vas faire.

VOCABULAIRE

silencieux/silencieuse = sans bruit
la grippe = une maladie due à un virus *(le malade tousse, a de la fièvre et des courbatures)*
ça dure = c'est long
la fièvre = une température du corps trop élevée

Boite à **outils**

Boite à outils

VOCABULAIRE

Situer dans le temps

avant-hier/hier/aujourd'hui/demain/après-demain
la semaine dernière/le mois dernier/l'année dernière
la semaine prochaine/le mois prochain/l'année prochaine

- **Il y a** + durée => situe un événement dans le passé.
  Je suis allé à la mer il y a trois mois.
- **jusqu'à** => situe un événement qui commence dans le présent et va dans le futur.
  Je vais attendre ma sœur jusqu'à la fin de la journée.
- **depuis** => exprime la durée, à partir d'un point de départ
  Il apprend le chinois depuis trois ans.
- **pendant** => exprime la longueur d'une durée
  Il a appris le chinois pendant trois ans.
- **pour** + une notion
  Il part au Brésil pour les vacances.
- **dans** + point de départ dans le futur
  Patrick part en vacances dans trois jours.
- **en** hiver, en automne, en été
- **au** printemps
- **par** => exprime la fréquence
  deux fois par mois = deux fois tous les mois

C'est le moment de mettre en pratique ce que tu as appris !
Ouvre ton cahier d'exercices **page 47.**

La chasse aux **œufs**

Léa : Ça y est, Mathis. Tu as tout pris ?

Mathis : Non, pas du tout.

L : Rien n'est prêt ?

M : Non, je t'attends !

L : **Sache** que nous allons être en retard. Bon, **donne**-moi la **glacière**.

M : Voilà !

L : **Ouvre** le frigo et **donne**-moi les œufs durs.

M : Les voici !

L : **Prends** les tomates, aussi.

M : Voici quatre belles tomates rouges. **Allez**, hop, dans la **glacière** !

L : **Fais** attention, celle-ci est **abimée**.

M : Ah zut ! Tiens, **prends** celle-là à la place.

L : Merci. **Sois** gentil, **passe**-moi les gourdes.

M : Veux-tu aussi les sandwichs ?

L : Oui, je veux bien. **Ne prends pas** la pizza, c'est pour ce soir !

M : Bon, d'accord. Dommage…

Paul : Salut, tous les deux.

L : Bonjour, Paul. **Entre** !

M : Salut, Paul.

P : **Prenez** vite vos sacs. Ma cousine attend dans la voiture avec ma tante.

L : **Allons**-y ! Vite ! **N'oublie pas** les casquettes, Mathis !

M : Mais pourquoi est-on aussi pressés ?

L : On doit arriver tôt si on veut trouver des **œufs de Pâques**.

M : Je vois. **Allons** chercher des **œufs de Pâques** dans le parc du château !

L : **Dépêchons**-nous ! Il y a toujours beaucoup de monde le jour de Pâques.

P : Oui. Et si elle ne trouve pas d'œufs, ma cousine va pleurer toute **l'après-midi**.

L : **Venez** vite ! **Croyez**-moi, une cousine qui pleure toute **l'après-midi**, ça gâche un pique-nique !

À TOI DE PARLER

Imagine que tu es dans la cuisine d'un restaurant et donne des ordres rigolos.

ÉPISODE 28

Boite à outils

GRAMMAIRE

L'impératif

AVOIR	ÊTRE	1er GROUPE	2e GROUPE
aie	sois	donne	finis
ayons	soyons	donnons	finissons
ayez	soyez	donnez	finissez

3e GROUPE EN -DRE	3e GROUPE EN -IR	3e GROUPE EN -IRE
apprends	viens	écris
apprenons	venons	écrivons
apprenez	venez	écrivez

⚠ « **savoir** » a une forme différente => sache, sachons, sachez

⚠ Ne pas oublier le trait d'union : méfie-toi, donne-moi, dis-moi.

ne/n' + verbe + pas => Ne fais pas ça! N'oublie pas ton médicament.

VOCABULAIRE

une glacière = un sac ou une boite qui garde les aliments au froid
abimé/e = détérioré/e, pas en bon état
des œufs de Pâques = des œufs en chocolat pour fêter Pâques
après-midi : ce mot peut-être féminin ou masculin
=> une après-midi/un après-midi

C'est le moment de mettre en pratique ce que tu as appris!
Ouvre ton cahier d'exercices **page 48.**

La journée des **langues**

Léa : Salut, les garçons !

Paul : Coucou, Léa !

L : Vous êtes prêts ?

P : Oui. J'ai fait trois choix.

L : Qu'as-tu choisi ?

P : Occitan, russe et chinois.

L : Qui anime l'atelier d'occitan ?

Mathis : C'est Mme Rodriguez, la prof d'espagnol.

L : Et le chinois ?

M : C'est Lin. Elle est en 3e B.

L : Super ! Et toi, Mathis ? **Que** vas-tu apprendre ?

M : Apprendre, apprendre, c'est juste une **initiation**.

L : Oui, c'est vrai, mais c'est l'occasion de découvrir de nouvelles langues.

P : Et de nouvelles cultures.

L : Oui, c'est une bonne idée cette journée des langues.

M : C'est vrai. C'est sympa. Ça change des cours traditionnels.

L : Moi j'ai choisi le **basque**, le gallois et le japonais.

M : **Qui** s'occupe du gallois ?

P : M. Davies, le prof d'anglais de la **section européenne**.
En fait, il est d'origine galloise.

M : C'est vrai ? Je croyais qu'il était australien.

L : Et toi, Mathis ? **Qu'est-ce que** tu as choisi ?

M : Eh bien, en fait, il n'y avait plus de place nulle part.

P : Ah bon ? **Qu'est-ce que** tu as eu alors ?

M : Fon.

P : Fon ?

M : Oui. Fon. Je ne sais même pas ce **que** c'est...

L : C'est une des langues du Bénin.

P : Tu es sûre ?

L : Mais oui. C'est mon amie Sènami **qui** me l'a dit.
C'est elle **qui** anime l'atelier.

M : Sènami ? Ce n'est pas la très jolie fille **qui** est au club d'échecs avec toi ?

L : Si, si. Le fon t'intéresse tout à coup ?

À TOI DE PARLER

Quelles langues parles-tu ? Parles-tu plusieurs langues à la maison ? Est-ce que tu aimes apprendre des langues étrangères ? Explique pourquoi.

Boite à outils

GRAMMAIRE

Les pronoms interrogatifs

que/qu' => question sur l'objet

Que + verbe + sujet + (complément) + ?

Que veux-tu faire ?

Qu'est-ce que + sujet + verbe + (complément) + ?

Qu'est-ce que tu veux faire ?

Qui => question sur le sujet

Qui + verbe + (complément) + ?

Qui est là ?

La réponse peut être au singulier ou au pluriel

Qui est là ? => **Ta** meilleure amie.

Qui est là ? => **Tes** sœurs.

GRAMMAIRE

Les pronoms relatifs

qui => reprend le sujet
C'est moi qui vais chercher le pain.

que/qu' => reprend l'objet
C'est de la danse qu'elle fait tous les week-ends.

VOCABULAIRE

l'occitan = une langue régionale du sud de la France
une initiation = le fait d'essayer/de tester une nouvelle activité
le basque = une langue régionale du sud-ouest de la France
une section européenne = une classe avec des cours *(maths, histoire, etc.)* enseignés en langue étrangère *(en général, anglais, espagnol ou allemand)*

C'est le moment de mettre en pratique ce que tu as appris !
Ouvre ton cahier d'exercices **page 52.**

ÉPISODE 30

Le gala de danse

Paul : Salut, les jumeaux !

Mathis et **Léa :** Salut, Paul !

P : Ça vous dit de venir voir le **gala** de danse de ma cousine ?

L : Avec plaisir ! C'est quand ?

P : Samedi soir.

M : **Quand** allons-nous dîner chez oncle Guillaume ?

L : Samedi soir, je crois.

P : Le **gala** n'est pas très tard. C'est à 18 h.

M : 18 h ? On peut peut-être faire les deux alors !

L : Peut-être, oui. **Où** se déroule le **gala** ?

P : À la salle municipale.

M : **Où** est-elle ?

L : Près de la **médiathèque**, non ?

P : Oui, c'est ça.

M : C'est sur le chemin alors.

P : **Où** habite votre oncle ?

M : Pas loin. C'est au village d'à côté, là **où** il y a le collège.

L : Oui, on peut aller à la salle à pied et papa et maman passeront nous prendre **quand** le spectacle sera terminé.

M : Ça va durer longtemps ?

P : Je ne sais pas. Sûrement pas très longtemps. Ma cousine n'a que 5 ans.

L : Oui, mais il doit y avoir plusieurs groupes.

P : Oui, c'est toute son école de danse qui passe, un groupe après l'autre.

M : Attends, je regarde sur leur site.

L : Alors ?

M : Eh bien... Il parle de trois ou quatre heures de spectacle sur le site...

P : Non, tu plaisantes ?

L : On peut peut-être venir juste au début pour voir ta cousine...

P : Je ne pense pas. Ils ferment les portes après le début du spectacle.

M : Ou alors, tu oublies le gala et tu viens dîner avec nous chez oncle Guillaume ! Il fait une délicieuse tarte aux abricots !

À TOI DE PARLER

Apprends ce petit dialogue et joue-le avec un ami ou une amie :

– Où vas-tu ?

– Je vais au stade. Et toi, où vas-tu ?

– Je vais à la piscine. Et Pierre, où va-t-il ?

– Il va au collège. Et tes parents, où vont-ils ?

Boite à outils

GRAMMAIRE

Les pronoms interrogatifs (suite)

où => question sur le **lieu**

Où + verbe + sujet + (complément) + ?

Où va-t-il ? / Où Pierre va-t-il ?

Où + est-ce que + verbe + sujet + (complément) + ?

Où est-ce qu'il va ? / Où est-ce que Pierre va ?

⚠ ne pas confondre avec « **ou** », **sans accent**, qui donne le choix

Où vas-tu ? Au cinéma ou au théâtre ?

quand => question sur le **temps**

Quand + verbe + (complément) + ? => Quand viens-tu ?

Quand est-ce que tu viens ?

Les pronoms relatifs (suite)

où => indique le lieu

Le collège où j'étudie est très grand.

quand => indique le temps

Je souris quand je pense à toi.

VOCABULAIRE

un gala = un spectacle

une médiathèque = un endroit où on peut emprunter des livres, des CD et des DVD

C'est le moment de mettre en pratique ce que tu as appris !
Ouvre ton cahier d'exercices **page 53.**

Sortie à **la patinoire**

Clara : Paul ?

Paul : Oui, ma petite cousine préférée ?

C : Qu'est-ce que tu fais ?

P : Je mets mes grosses chaussettes.

C : **Pourquoi est-ce** que tu mets des grosses chaussettes ?

P : Parce que je vais à la **patinoire** et qu'il faut de grosses chaussettes dans les **patins à glace**.

C : Avec qui vas-tu à la **patinoire** ?

P : Avec Léa et Mathis.

C : **Pourquoi** vous allez à la **patinoire** et pas à la piscine ?

P : **Parce que** c'est drôle de glisser sur la glace.

C : Tu n'as pas peur de tomber ?

P : Non, je vais faire attention.

C : **Pourquoi** tu prends tes gros gants en **laine** ? Il ne fait pas froid, aujourd'hui.

P : **Parce qu'**il faut mettre des gants pour protéger ses mains quand on fait du patin.

C : Et **pourquoi** tu ne m'emmènes pas ?

P : Je ne t'emmène pas **parce que** tu es trop petite.

C : Ma copine Lise, elle va souvent à la **patinoire** avec sa sœur.

P : Oui, mais elles vont à la **patinoire** le dimanche matin, quand c'est réservé aux petits.

C : **Pourquoi** tu n'y vas pas le dimanche matin avec Léa et Mathis ?

P : **Parce que** nous, on est grands.

C : **Pourquoi** tu…

P : Clara ? **Pourquoi** tu me poses toutes ces questions ?

C : **Parce que** tu me réponds à chaque fois !

À TOI DE PARLER

Pose des questions avec « pourquoi » et réponds avec « parce que ».

GRAMMAIRE

Les pronoms interrogatifs (suite)

pourquoi => question sur la raison

Pourquoi + (déterminant + nom) + verbe + sujet + (complément) + ?

Pourquoi Hector prend-il son manteau ?

Pourquoi les oiseaux chantent-ils si fort ?

Pourquoi est-ce que + (déterminant + nom) + verbe + (complément) + ?

Pourquoi est-ce qu'elle pleure ?

Pourquoi est-ce que les voitures vont si lentement ?

parce que => répond à la question

Pourquoi veux-tu ce verre de jus de pomme ? Parce que j'ai soif.

VOCABULAIRE

une patinoire = un endroit avec de la glace pour faire du sport

un patin à glace = une chaussure pour glisser sur la glace

la laine = une matière venant des moutons, qui sert à faire des pulls, des écharpes, des gants…

C'est le moment de mettre en pratique ce que tu as appris !
Ouvre ton cahier d'exercices **page 55.**

Selfies !

Mathis : Léa, mais qu'est-ce qui se passe ?

Léa : Je cherche mon portable !

M : Et tu **fouilles** tout le salon pour ça ?

L : Oui ! Il me faut mon portable, et vite !

M : Pourquoi ?

L : On fait un concours de selfies avec Marielle et Salma.

M : Tiens ! Regarde ! Il est là !

L : Oh merci, tu es le meilleur. Tiens, tu vas m'aider !

M : Moi ?

L : Oui ! **Quelle** photo je choisis, à ton avis ? Celle-ci ou celle-là ?

M : **Laquelle** tu préfères ? Celle-là n'est pas mal, je trouve !

L : Pas mal, ça ne suffit pas si je veux gagner ! Je vais faire de nouvelles photos. La lumière est parfaite à cette heure.

M : Il faut que tu changes de gilet. Celui-là ne va pas très bien avec tes yeux !

L : **Lequel** est-ce que je choisis ?

M : Le vert. Il va bien avec tes yeux.

L : Ok. Je vais me mettre là pour la photo.

M : Non ! Va dans le jardin, devant les fleurs.

L : **Lesquelles** ?

M : Plutôt les roses rouges. Ce sera plus joli.

L : D'accord.

M : Prends quelques accessoires aussi !

L : Tu crois ? **Quels** accessoires ?

M : Au moins un sac et des boucles d'oreilles !

L : Ok, je prends mon petit sac à main noir et je mets mes boucles en argent. Voilà, je suis prête.

M : Prends plusieurs photos !

L : Waouh, dis donc. Elles sont super ! Les filles vont être jalouses ! Dis-moi, Mathis, tu ne voudrais pas devenir mon **agent** ?

À TOI DE PARLER

Invente des questions avec « quel », « quelle », « quels », « quelles ».

Boite à outils

GRAMMAIRE

Les phrases interrogatives

quel + nom + verbe + sujet + ? ou **quel + est/sont + sujet + ?**

masculin singulier	quel	Quel est son film préféré ?
féminin singulier	quelle	Quelle matière préfères-tu ?
masculin pluriel	quels	Quels sports pratiquez-vous ?
féminin pluriel	quelles	Quelles sont les filles les meilleures en maths ?

Pour donner le choix => lequel + verbe + sujet + ?

masculin singulier	lequel	Regarde ces deux pulls. Lequel veux-tu mettre ?
féminin singulier	laquelle	Laquelle de ces glaces veux-tu ?
masculin pluriel	lesquels	Lesquels de ces fruits souhaites-tu ?
féminin pluriel	lesquelles	Il y a un grand choix de fleurs. Lesquelles veux-tu ?

VOCABULAIRE

fouiller = chercher quelque chose

un agent = une personne qui aide quelqu'un à faire carrière *(mannequin, chanteur, acteur, etc.)*

C'est le moment de mettre en pratique ce que tu as appris !
Ouvre ton cahier d'exercices **page 56.**

Les jolis **ponts de mai**

Mathis : Y a quelque chose qui ne va pas, Paul ?

Paul : Écoute, Mathis, je regarde mon agenda et ça me panique. **Comment** va-t-on faire avec tous ces **ponts** ?

M : **Comment** ça ?

P : Eh bien oui, les **ponts** du mois de mai…

M : C'est génial, les **ponts**. C'est moins de jours de cours.

P : Justement. **Comment** est-ce qu'on va réussir à finir le programme ?

M : Pardon ?

P : Eh bien, oui. Avec tous ces jours fériés.

M : **Comment** peux-tu être inquiet pour ça ?

P : J'ai envie de finir le programme, moi !

M : Mais on va le finir, ne t'inquiète pas. Par exemple, pendant le **pont** du 1er mai, on va faire de l'histoire.

P : Ah oui ?

M : Oui, je te propose une excursion pour visiter un château **médiéval**. Le thème de la visite, c'est : « **comment** nos ancêtres ont construit ce château en pierre ? »

P : Super !

M : Pour le **pont** du 8 mai, on fait de l'astronomie. Je t'emmène au planétarium ! On va découvrir **comment la Voie lactée** change au fil des saisons.

P : Génial !

M : Et pour le **pont** de l'Ascension, c'est de la biologie. On va à la pêche. Tu vas apprendre **comment** différencier une **carpe** d'un **brochet**.

P : Miam !

M : Et enfin, le lundi de Pentecôte, on va au cinéma en **VO** pour pratiquer notre anglais.

P : Ça me parait parfait, ce programme ! Une dernière question...

M : Oui ?

P : Tu crois qu'on aura des contrôles sur tout ça ?

À TOI DE PARLER

Pose des questions avec « comment » et donne les réponses.

GRAMMAIRE

Les pronoms interrogatifs (suite)

comment => exprime la manière/le moyen

Comment + verbe + sujet + (complément) + ?

Comment veux-tu ton chocolat au lait ? Chaud ou froid ?

Comment + est-ce que + sujet + verbe + (complément) + ?

Comment est-ce que tu viens chez nous ? À vélo ?

VOCABULAIRE

un pont = ici, jours fériés pendant lesquels on ne travaille pas.

médiéval/e = qui date du Moyen Âge *(Ve-XVe siècles)*

la Voie lactée = le nom de notre galaxie, un groupement d'étoiles où tournent la Terre et le Soleil

une carpe = un poisson de rivière

un brochet = un poisson de rivière

VO = Version Originale = dans la langue d'origine du film

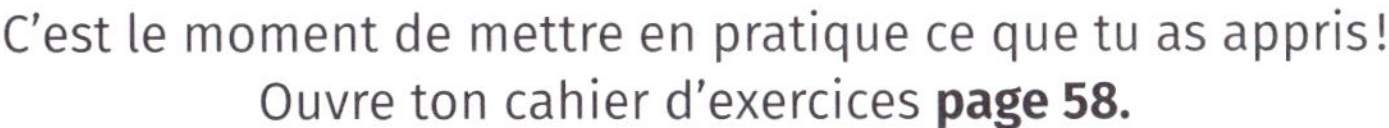

C'est le moment de mettre en pratique ce que tu as appris !
Ouvre ton cahier d'exercices **page 58.**

Jardinage avec Mamie

Mamie : Bonjour, **ma chérie**.

Léa : Bonjour, Mamie. Je peux t'aider ?

Mamie : Bien sûr, **mon poussin** ! Tu veux **t'aérer** et venir au jardin avec moi ?

L : Oui, j'aime bien jardiner avec toi.

Mamie : C'est gentil, ça.

L : Qu'est-ce que je peux faire pour t'aider ?

Mamie : Regarde les tomates sur ta droite, elles **s'abiment**. Tu veux bien enlever celles qui sont abimées ?

L : Oui, bien sûr. Voilà !

Mamie : Maintenant, il faut arracher les **mauvaises herbes** à côté des courgettes.

L : Je **me penche** mais je ne vois aucune courgette.

Mamie : Pour l'instant, il n'y a que les fleurs.

L : Ce sont les grosses fleurs **jaune-orangé** ?

Mamie : Oui, c'est bien ça, **mon petit cœur**. Il faut enlever les **mauvaises herbes** tout autour.

L : Oh là là ! C'est fatigant, le jardinage. Je vais **m'assoir** pour souffler un peu.

Mamie : Oui, jardiner, ça demande du travail. Nous allons faire une petite pause plus tard. Avec une bonne tarte aux fraises !

L : Miam ! On arrête bientôt ?

Mamie : Encore quelques minutes. Mon pied d'aubergine **s'assèche**. Il faut l'arroser.

L : Je vais chercher l'arrosoir. Tiens, Mamie !

Mamie : Merci, **ma puce**. Tiens ! Voilà ton frère qui arrive.

Mathis : Bonjour, toutes les deux ! Vous **vous amusez** bien ?

L : Oui. Viens jardiner avec nous !

M : Bof. Je n'aime pas trop ça !

L : Moi non plus en fait, mais j'aime bien aider Mamie. Surtout quand elle a préparé une tarte aux fraises pour ceux qui l'aident !

À TOI DE PARLER

Est-ce que tu aimes jardiner ?

Qu'est-ce que tu aimes faire pendant ton temps libre ?

GRAMMAIRE

Les verbes pronominaux

Un verbe pronominal renvoie sur le sujet.

PRONOMS SUJET	PRONOMS OBJET	EXEMPLES
je	me/m'	Je me souviens. Je m'amuse bien.
tu	te/t'	Tu te souviens. Tu t'amuses bien.
il/elle/on	se/s'	Il se souvient. Elle s'amuse bien.
nous	nous	Nous nous souvenons. Nous nous amusons bien.
vous	vous	Vous vous souvenez. Vous vous amusez bien.
ils/elles	se/s'	Ils se souviennent. Elles s'amusent bien.

VOCABULAIRE

ma chérie = mon poussin = mon petit cœur = ma puce => manières gentilles d'appeler quelqu'un qu'on aime.

une mauvaise herbe = une plante qu'on n'a pas plantée

C'est le moment de mettre en pratique ce que tu as appris !
Ouvre ton cahier d'exercices **page 59.**

Ménage de **printemps**

Mathis : Tu es prête, Léa ?

Léa : Je suis prête, Mathis. Et toi ?

M : Je suis prêt, Léa.

L : Bon, eh bien, c'est parti !

M : En **rangeant**, je suis sûr qu'on va retrouver plein de choses.

L : Oui, c'est certain. Et puis, de toute façon, c'est le moment du grand ménage de printemps.

M : On va frotter, ranger, trier. Ça va faire du bien.

L : Oui. En **mettant** tout sur le bureau et sur le lit, on va pouvoir nettoyer la **moquette**.

M : Et en **enlevant** les rideaux, on va pouvoir laver les **carreaux**.

L : Oui. Et ensuite, en **triant** les livres, on va gagner de la place !

M : Et on pourra en acheter d'autres !

L : On va aussi trier nos vieux jouets pour les donner à une association.

M : Oui, je crois que tu as toujours ta poupée **parlante**.

L : Et toi ta voiture de pompier avec sa sirène **hurlante** !

M : On va d'abord faire de la place en **débarrassant** le placard.

L : Ok. Tu veux qu'on commence par là ?

M : Oui. C'est un bon début, non ?

L : D'accord.

M : Bon, en **prenant** notre temps, on va y arriver !

L : Ça, c'est sûr. Mais ça va être long.

M : Oui, mais en **finissant** rapidement, on va avoir le temps d'aller à la piscine.

L : Ouh, je suis fatiguée rien que d'avoir pensé à tout ça.

M : Tu as raison... On peut peut-être commencer demain plutôt ?

À TOI DE PARLER

Fais des phrases sur le modèle :
« J'ai fait tomber mes clés en **prenant** mon sac. »

GRAMMAIRE

Le participe présent

verbe + -ant

MONTER	FINIR	DEVOIR	PRENDRE	SORTIR
montant	finissant	devant	prenant	sortant

Le participe présent indique que deux actions se déroulent en même temps.

=> Je **fais** mes devoirs **en écoutant** de la musique.

Le participe présent peut s'utiliser comme un adjectif qui s'accorde.

=> une poupée parlant**e** / des sirènes hurlant**es**

Les exceptions

être => **étant** avoir => **ayant** savoir => **sachant**

VOCABULAIRE

la moquette = un tapis qui couvre le sol de toute une pièce

un carreau = une vitre de la fenêtre

C'est le moment de mettre en pratique ce que tu as appris !
Ouvre ton cahier d'exercices **page 60.**

Le rallye lecture

Paul : Tu as l'air bien calme, Léa.

Léa : C'est normal, Paul, je lis *Panique sur le Pacifique*.

P : C'est un des livres du **rallye lecture** ?

L : Oui, je **l'**adore ! Il est **captivant**.

P : Tu **le** lis depuis longtemps ?

L : Non, je **l'**ai commencé hier.

P : Je ne **le** connais pas, celui-là.

L : Tu lis les livres du **rallye** lecture, toi aussi ?

P : Oui. Mais je ne lis pas vite.

L : *Mystère au cimetière* et *Le château aux mille secrets* sont bien.

P : C'est vrai ? Je vais **les** emprunter à la bibliothèque.

L : Il y a aussi des BD, si tu veux.

P : Ah oui. J'aime bien les BD.

L : Tu peux aussi **les** prendre à la bibliothèque.

P : Tu lis beaucoup ?

L : Oui. Un livre par jour en général.

P : Un par jour !

L : Pas toi ?

P : Euh… non.

L : Mme Fournier me **motive** ! C'est une super prof de français !
Elle me donne plein de conseils de lecture.

P : Tu **la** trouves super ?

L : Oui. Elle est toujours de bonne humeur.

P : Combien de livres y a-t-il dans ta liste ?

L : Euh… Je ne sais pas. 80 à peu près.

P : 80 ??? Mais ça fait plus d'un livre par jour ça !!!

L : Ben oui. Un, c'est le minimum.
Le week-end, je lis quatre ou cinq livres.

À TOI DE PARLER

**Et toi ? Est-ce que tu aimes lire ? Quel type de livres aimes-tu ?
Si tu n'aimes pas lire, explique pourquoi.**

GRAMMAIRE

Les pronoms objets

sujet + objet + verbe

masculin singulier	le/l' (devant une voyelle)
féminin singulier	la
masculin et féminin pluriel	les

Je veux prendre **ce livre** à la bibliothèque.
=> Je veux le prendre à la bibliothèque.
Vous mangez **la part de tarte aux pommes**. => Vous la mangez.
J'aime **le saucisson**. => Je l'aime.
Nous prenons **les vélos** pour aller à la plage.
=> Nous les prenons pour aller à la plage.
Elles prennent **leurs bottes** quand il pleut.
=> Elles **les** prennent.

VOCABULAIRE

un rallye lecture = un concours de lecture pendant lequel on lit le plus de livres possible
captivant/e = passionnant/e, vraiment très intéressant/e
motiver = faire aimer, donner envie de faire quelque chose

C'est le moment de mettre en pratique ce que tu as appris !
Ouvre ton cahier d'exercices **page 64.**

ÉPISODE
37

Le tournoi **de jeux vidéo**

Paul : Ça y est, Mathis ? Devoirs **finis** ?

Mathis : Oui !

P : Leçons **apprises** ?

M : Oui !

P : Chambre **rangée** ?

M : Oui !

P : Bureau propre ?

M : Oui !

P : **Manette nettoyée** ?

M : Oui !

P : Écran d'ordinateur propre ?

M : Oui, c'est **fait** !

P : Bon... Je crois que tu es prêt.

M : Je vais le gagner, ce tournoi de jeux vidéo !

P : Oui ! Tu vas le gagner parce que tu es le meilleur !

M : Ouais ! Je m'entraine depuis des mois !

P : Tu joues tous les jours. Tu es fin prêt !

M : Je vais tous les battre.

P : Oui ! Le premier prix est à nous car je suis le meilleur des entraineurs !

M : Et moi, le meilleur des joueurs. Allez, **démarre** l'ordinateur. Ça va commencer !

P : Qu'est-ce qu'il y a ?

M : Je ne sais pas ! L'ordinateur ne s'allume pas.

P : Comment ça ?

M : L'écran non plus. Maman ?

Maman : Oui.

M : Maman, l'ordi ne s'allume pas !

Maman : C'est normal, les garçons.
On a une **coupure de courant** !

P et **M :** Quoi ???

Maman : Ne vous inquiétez pas. Ça va durer une ou deux heures.
Pas plus.

À TOI DE PARLER

Est-ce que tu aimes jouer aux jeux vidéo ?
Joues-tu souvent ? Longtemps ? Et tes amis ?

GRAMMAIRE

L'accord du participe passé

	MANGER	FINIR	VOIR	FAIRE
masculin singulier	mangé	fini	vu	fait
féminin singulier	mangée	finie	vue	faite
masculin pluriel	mangés	finis	vus	faits
féminin pluriel	mangées	finies	vues	faites

CUIRE	APPRENDRE	AVOIR	ÊTRE
cuit	appris	eu	été
cuite	apprise	eue	été
cuits	appris	eus	été
cuites	apprises	eues	été

VOCABULAIRE

une manette = un objet qu'on a dans la main pour jouer aux jeux vidéo

démarrer = mettre en marche, allumer

une coupure de courant = un arrêt de l'électricité

C'est le moment de mettre en pratique ce que tu as appris !
Ouvre ton cahier d'exercices **page 65.**

La fête **de la Musique**

Mathis : Ah, la fête de la Musique. J'adore !

Paul : Oui, **c'était** une super idée de créer cette fête.

M : Oui. L'année dernière, nous **sommes allés** écouter un concert de jazz au parc du château.

P : Et l'année d'avant ?

M : Il y **avait** trop de pluie. On n'**a été nulle part**.

P : Viens, c'est par là !

M : Je suis content d'aller voir le groupe de notre prof de musique.

P : Oui. Il **était batteur** quand il **était** jeune et maintenant, il joue de la **basse**.

M : Je **voulais** faire de la batterie, moi aussi, mais mes parents **ont dit** : « Ça fait trop de bruit ! »

P : C'est sûr que la guitare, ça fait moins de bruit.

M : Oui, enfin, cela dépend de la guitare : si elle est électrique...

P : Regarde ! M. Lotinelle est là-bas. Et dis donc, ce n'est pas Mme Florac à côté de lui ?

M : La prof de sciences ? Mais si, tu as raison. Je ne **savais** pas qu'elle **jouait** du piano.

P : Moi non plus. Et derrière elle, ce n'est pas M. Sadir, le prof de gym ?

M : Trop fort ! Ils **ont monté** un groupe avec uniquement des profs du collège.

P : J'envoie un texto aux élèves de la classe. Il faut qu'ils voient ça ! Ils ne vont pas en croire leurs yeux !

M : Attends, je prends une photo et je la mets tout de suite sur le groupe de la classe.

P : C'**était** vraiment une super idée de venir ici !

M : Oui. Entendre ses profs jouer de la musique, c'est une occasion unique !

P : Oui ! Ça ne peut arriver que pendant la fête de la Musique !

À TOI DE PARLER

Aimes-tu faire de la musique ? Aller à des concerts ?
Y a-t-il une fête de la Musique dans ton pays ?

Boite à outils

GRAMMAIRE

L'imparfait et le passé composé

Ces deux temps expriment le passé.

- **L'imparfait :** utilisé pour une description, une habitude, une action dans le passé.
  Les arbres étaient moins grands l'année dernière.
- **Le passé composé :** utilisé pour une action précise et terminée dans le passé. C'est aussi le temps du récit oral (quand on raconte une histoire à quelqu'un).
  Hier, il a fait un gâteau pour le gouter.

	IMPARFAIT		PASSÉ COMPOSÉ	
	AVOIR	ÊTRE	AVOIR	ÊTRE
j'	avais	étais	ai eu	ai été
tu	avais	étais	as eu	as été
il/elle/on	avais	était	a eu	a été
nous	avions	étions	avons eu	avons été
vous	aviez	étiez	avez eu	avez été
ils/elles	avaient	étaient	ont eu	ont été

VOCABULAIRE

nulle part = dans aucun endroit

un batteur/une batteuse = une personne qui joue de la batterie

une basse = une sorte de guitare

C'est le moment de mettre en pratique ce que tu as appris!
Ouvre ton cahier d'exercices **page 67.**

EXERCICES

et *petits bilans*

Nolwenn Monnier • Thérèse Bonté

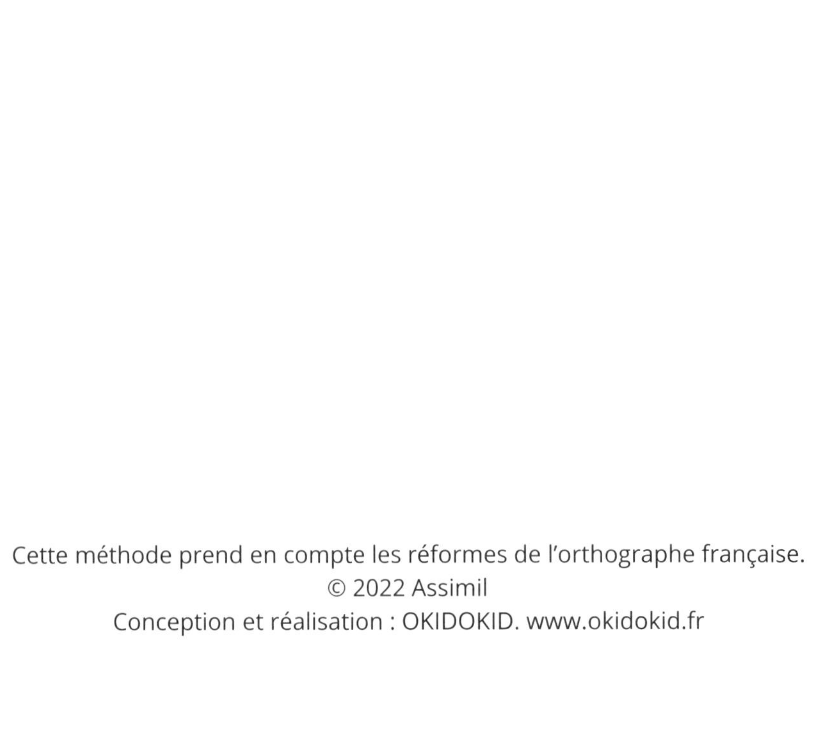

Cette méthode prend en compte les réformes de l'orthographe française.

Conception et réalisation : OKIDOKID. www.okidokid.fr

ÉPISODE 01

Bienvenue chez nous !

EXERCICE 1

Vrai ou faux ?

	VRAI	FAUX
Mathis est une fille.		
Léa a 12 ans.		
Felix est un chien.		
Les parents de Paul sont musiciens.		
Le bébé du voisin est bruyant.		

EXERCICE 2

Relie les deux parties de chaque phrase :

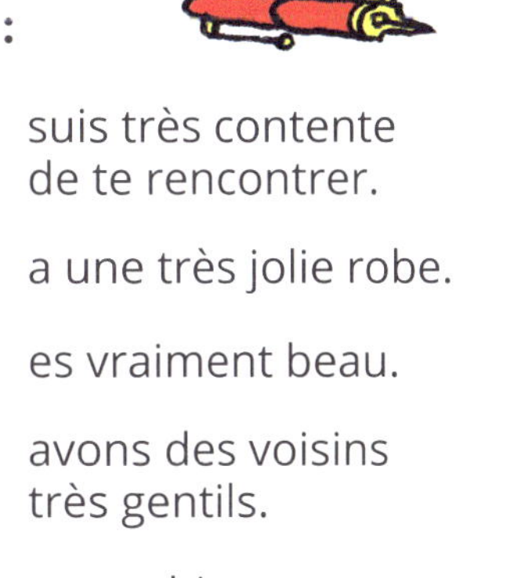

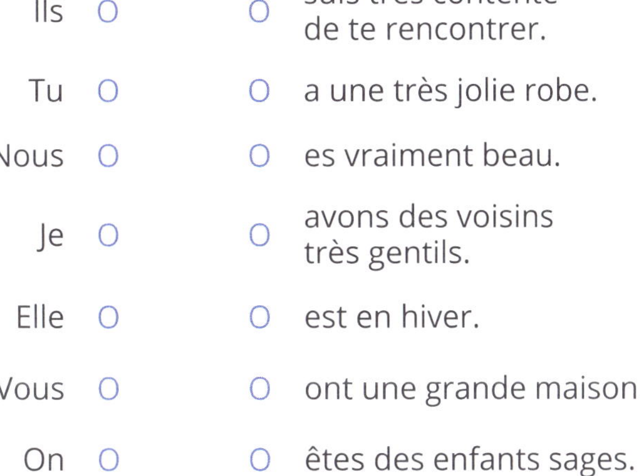

Ils	O	O	suis très contente de te rencontrer.
Tu	O	O	a une très jolie robe.
Nous	O	O	es vraiment beau.
Je	O	O	avons des voisins très gentils.
Elle	O	O	est en hiver.
Vous	O	O	ont une grande maison.
On	O	O	êtes des enfants sages.

EXERCICE 3

Complète les phrases en conjuguant « avoir » ou « être » au présent :

1. J' .... très faim.

2. Nous .... en colère.

3. Elles .... très grandes.

4. On .... une belle voiture.

5. Vous .... de la chance.

6. Tu .... un beau chat, Léa.

7. Il .... très tard.

ÉPISODE 02

C'est la rentrée !

EXERCICE 1

Écoute à nouveau le dialogue. Donne les bons vêtements aux bonnes personnes : imperméable/T-shirt bleu/jupe/pantalon noir/pull blanc/casquette rouge/chaussures rouges/boucles d'oreilles/chemisier blanc.

Mathis	Léa	Paul

EXERCICE 2

Complète les phrases avec un article défini ou indéfini :

1. .... casquettes protègent du soleil.

2. Il a .... chaussures noires.

3. .... pull de Laura est gris.

4. .... imperméable de Samuel est très beau.

5. Nous avons tous .... livres de cuisine de ma grand-mère.

6. Ce matin, Marie a pris .... sac marron.

7. .... robe de Tiffany est très élégante.

8. J'ai .... paire de boucles d'oreilles en or.

EXERCICE 3

Accorde correctement la couleur.
Choisis la bonne forme de l'adjectif :

1. Il a un pantalon **bleu**/**bleue**/**bleus**/**bleue**.

2. Nous avons des chaussures **orange**/**oranges**.

3. J'ai un manteau **noir**/**noire**/**noirs**/**noires**.

4. Elles ont des sacs **marron**/**marrons**.

5. Tu as les cheveux **gris**/**grise**/**grises**.

6. Vous avez une robe **blanc**/**blanche**/**blancs**/**blanches**.

ÉPISODE
03

Quelle longue liste!

EXERCICE 1

Choisis la bonne réponse :

1 • Mathis et Léa
a. vont faire les courses.
b. préparent leurs fournitures scolaires.
c. rangent leurs vêtements.

2 • Mathis n'est pas content
a. parce qu'il n'a pas de gommes.
b. parce qu'il voulait apprendre le japonais.
c. parce qu'il finit tard tous les soirs.

3 • Léa a beaucoup de gommes
a. parce qu'elle fait beaucoup d'erreurs.
b. parce qu'elle aime ça.
c. parce qu'elle les perd tout le temps.

4 • Le dictionnaire d'anglais est pour
a. Paul.
b. Léa.
c. Mathis.

5 • La mère de Léa et Mathis
a. aime les choses neuves.
b. veut que les enfants gardent le matériel des années précédentes.
c. est bonne en maths.

EXERCICE 2

Relie les deux parties de chaque phrase :

C'est le sac à main	O	O	de bonnes notes.
J'aime les fleurs	O	O	sont en fleur.
Ce sont	O	O	ses gâteaux préférés.
Votre oncle	O	O	de ma sœur.
Leurs arbres	O	O	est vraiment très gentil.
Mes amies ont	O	O	de son jardin.

EXERCICE 3

Choisis l'orthographe avec le bon accent.
Tu peux écouter la prononciation grâce à ce flashcode :

1. **élèphant/èlèphant/éléphant/êléphant**

2. **école/ècole/êcole**

3. **rêve/rève/réve**

4. **bétise/bètise/bêtise**

5. **collège/collêge/collége**

ÉPISODE **04**

Ma meilleure amie!

EXERCICE 1

Relie les deux parties de chaque phrase :

Léa et Paul trouvent O	O depuis cinq ans.
Léa regarde des photos O	O de sa meilleure amie Clara.
Léa et Clara sont amies O	O est sa meilleure amie.
Paul trouve Clara O	O qu'il fait très beau.
Mathis pense que Clara O	O très jolie.

EXERCICE 2

Choisis la bonne forme de l'adjectif :

La trottinette de Pierre est **blanc**/**blanche**. Elle est **vieux**/**vieille**. Pierre est **heureux**/**heureuse** de changer de trottinette. Sa **nouveau**/**nouvelle** trottinette est **bleu**/**bleue**. Il est très **fier**/**fière** de se promener dans les rues. Son amie Anna est **content**/**contente** pour lui.

EXERCICE 3

Complète le texte en décrivant le clown :

Le clown a les __________ bleus. Il a une __________ rouge et des __________ verts. Ses __________ sont orange mais ses __________ sont roses. Son __________ est rond et ses __________ ont des gants blancs.

Un pique-nique mal préparé

ÉPISODE 05

EXERCICE 1

Vrai ou faux ?

	VRAI	FAUX
Léa et Mathis préparent un pique-nique.		
Le panier est dans la cuisine.		
Mathis aime les tomates.		
Léa a des bonbons dans sa chambre.		
Le parasol est dans le salon.		

EXERCICE 2

Transforme les phrases suivantes à la forme négative :

1. Ma mère aime les pommes. => ....

2. Je suis très heureuse aujourd'hui. => ....

3. Tu as une jolie robe. => ....

4. Nous sommes en retard. => ....

5. Elles ont raison. => ....

EXERCICE 3

Complète le dessin avec les mots suivants :
cuisine/salon/chambre/garage/jardin/salle de bain/toilettes/entrée.

ÉPISODE
06

Un gâteau d'anniversaire

EXERCICE 1

Choisis la bonne réponse :

1 • Léa et Mathis font
a. le ménage.
b. un gâteau.
c. un jeu vidéo.

2 • La mère de Léa et Mathis aime
a. la vanille.
b. la banane.
c. les fraises.

3 • Léa et Mathis n'ont pas
a. de moule.
b. de saladier.
c. de farine.

4 • Léa et Mathis vont
a. voir leur père.
b. au parc.
c. faire des crêpes.

EXERCICE 2

Transforme les phrases suivantes à la forme interrogative (les trois formes) :

1. Tu as les cheveux blonds. => ....

.... / ....

2. Mathis aime la crème à la vanille. => ....

.... / ....

3. Nous avons des bonbons. => ....

.... / ....

EXERCICE 3

Pose des questions à partir des mots suivants en utilisant le verbe « avoir » (les trois formes) :

1. Des pommes (2e personne du singulier) => ....

.... / ....

2. Un livre (3e personne du singulier) => ....

.... / ....

3. Un gâteau (2e personne du pluriel) => ....

.... / ....

4. Du chocolat (3e personne du pluriel) => ....

.... / ....

Promenade au château

EXERCICE 1

Relie les deux parties de chaque phrase :

Paul et Mathis vont O	O pique-niquent dans le parc.
Paul adore O	O visiter un château.
À Noël, il y a O	O Paul et Mathis jouent aux jeux géants.
En été, les gens O	O les châteaux et les chevaux.
Le château est fermé et O	O beaucoup de décorations dans le parc.

EXERCICE 2

Vrai ou faux ?

	VRAI	FAUX
Le château est très loin.		
Il y a des chevaux dans le parc du château.		
Il y a beaucoup de fleurs dans le parc au printemps.		
Il y a beaucoup de gens dans le parc.		
Le château est fermé.		

EXERCICE 3

Mets un « s » ou un « x » pour former le pluriel :

1. Les bateau___ sur la mer sont blancs.

2. Mes oncle___ sont les frère___ de ma mère.

3. J'aime lire les journau___.

4. Les bijou___ bleu___ sont mes préférés.

5. Nos livre___ sont banal___.

Il est temps de faire le point sur tes progrès !
Revois les épisodes 1 à 7 et complète ce petit bilan.

A Relie les deux parties de chaque phrase (6 points) :

Je	O	O	es très intelligent.
Tu	O	O	avez une amie très jolie.
Elle	O	O	suis heureuse de vous rencontrer.
Nous	O	O	sont prêts.
Vous	O	O	sommes de la même famille.
Ils	O	O	a des cheveux blonds.

B Complète les phrases avec un article défini ou indéfini (5 points) :

1. Regarde ! Il y a .... chiens dans la rue.

2. C'est .... manteau de mon frère.

3. .... arbre de notre jardin est très grand.

4. .... dame marche dans la rue.

5. Ce sont .... chaussures de ma mère.

C Transforme les phrases à la forme négative (5 points) :

1. Mathis a une sœur jumelle. => ....

2. Nous sommes frère et sœur. => ....

3. Paul aime les châteaux. => ....

4. Elles sont très gentilles. => ....

5. Vous êtes en retard. => ....

D Transforme les phrases en utilisant les différentes formes interrogatives (4 points) :

1. Elle a de jolis yeux. ____________

2. Tu es désolé. ____________

3. Vous avez de gros gâteaux. ____________

4. Il a un grand jardin. ____________

Compte tes points !

EXERCICE A : ______ points

EXERCICE B : ______ points

EXERCICE C : ______ points

EXERCICE D : points **Total :** **points**

Entre 15 et 20 points :

Bien joué ! Tu peux passer à l'épisode suivant ! ☺

Entre 10 et 15 :

Pas mal ! Il faut peut-être revoir quelques boites à outils.

Entre 5 et 10 :

Zut ! Tu dois revoir certaines notions et refaire des exercices avant de continuer.

Entre 0 et 5 :

Aïe ! Tu dois vraiment revoir les épisodes 1 à 7 avant d'aller plus loin. Courage !

ÉPISODE
08

Un petit tour à la piscine

EXERCICE 1

Vrai ou faux ?

	VRAI	FAUX
Léa fait la vaisselle.		
Mathis va courir au stade.		
Léa et Paul vont à la piscine.		
Les parents de Léa et Mathis vont voir un film comique.		
Mathis fait la tête.		

EXERCICE 2

Relie les deux parties de chaque phrase :

Je O	O vont marcher en forêt.
Tu O	O fait ses devoirs.
Il O	O vais au supermarché.
Nous O	O faites un gâteau.
Vous O	O vas prendre le bus.
Elles O	O allons à l'école.

EXERCICE 3

Complète les phrases avec les verbes « faire » ou « aller » :

1. Je ______________ les courses avant de rentrer.

2. Tu ______________ un puzzle.

3. Il ______________ au stade le dimanche matin.

4. Nous ______________ des pâtes au fromage.

5. Vous ______________ à la gare.

6. Elles ______________ du sport tous les samedis.

L'heure, c'est l'heure !

EXERCICE 1

Complète le texte avec des éléments du dialogue :

1. Paul, Léa et Mathis vont à une journée ______________________________ .

2. Ils vont découvrir de nouveaux ______________________________ .

3. À 13 h, Paul rencontre ______________________________ .

4. Léa aime les ______________________________ .

5. La pause-déjeuner est le moment ______________________________ de Mathis.

EXERCICE 2

Écoute à nouveau le dialogue et relie les éléments :

9 h	O	O	un pharmacien.
10 h	O	O	un banquier.
11 h	O	O	le déjeuner.
12 h	O	O	un dessinateur de bandes dessinées.
13 h	O	O	une zoologiste.
14 h	O	O	un entraineur sportif.
15 h	O	O	une biologiste.

EXERCICE 3

Indique la date de chaque événement :

1. La fête nationale française => ....

2. Le jour de Noël => ....

3. La fête du Travail => ....

4. La fin de la Seconde Guerre mondiale => ....

5. Les premiers pas de l'homme sur la Lune => ....

Un cadeau fait maison

EXERCICE 1

Choisis la bonne réponse :

1 • Mathis veut que Léa lui donne
a. une boite.
b. de la colle.
c. un stylo.

2 • Léa et Mathis préparent
a. un cadeau d'anniversaire de mariage.
b. un cadeau de remerciements.
c. un cadeau de Noël.

3 • Le cadeau est
a. une boite à thé.
b. des sachets parfumés.
c. un livre sur le thé.

4 • Paul veut
a. un cadeau.
b. la même boite.
c. un thé.

EXERCICE 2

Relie les deux parties de chaque phrase :

Vous	O	O	veux du thé.
Je	O	O	veulent lire un magazine.
Ils	O	O	voulons aller à la piscine.
Nous	O	O	veut apprendre à nager.
Elle	O	O	voulez des bonbons.

EXERCICE 3

Complète les phrases avec le verbe « pouvoir » au présent :

1. Nous .... manger des biscuits.

2. Elles .... apprendre le russe.

3. Je .... aller à la plage.

4. Vous .... faire un cadeau à votre sœur.

5. Il .... courir très vite.

ÉPISODE **11**

Le nouveau

EXERCICE 1

Vrai ou faux ?

	VRAI	**FAUX**
En cours, il parle tout le temps.		
À la cantine, il lance des petits pois.		
Tom pose des questions tout le temps.		
Toute la classe l'aime bien.		
Tom est le nouveau de la classe.		

EXERCICE 2

Complète les mots avec un « s » ou deux « ss » :

1. Le profe____eur de sciences est gentil.

2. La mai____on est grande, avec une grande terra____e.

3. Ma mère aime le rai____in et les frai____es.

4. Je fais un de____in pour ma cou____ine.

5. Il y a 10 poi____ons dans notre ba____in.

EXERCICE 3

Complète les mots avec « c » ou « ç » :

1. J'aime aller au ____inéma pour voir des dessins animés.

2. Mon fla____on de parfum est de ____ouleur rose.

3. Ce gar____on adore manger des ____aramels.

4. J'ai une pla____e pour aller au con____ert.

5. Il apprend sa le____on de ____alcul.

ÉPISODE 12

Un emploi du temps chargé

EXERCICE 1

Relie les deux parties de chaque phrase :

Le lundi,	O	O	les garçons font leurs devoirs.
Le jeudi,	O	O	Paul joue au rugby.
Le mercredi,	O	O	Paul apprend la guitare.
Le week-end,	O	O	Léa et Mathis jouent au badminton.
Le mardi,	O	O	Paul pratique les échecs.

EXERCICE 2

Relie les deux parties de chaque phrase :

Ils	O	O	racontons une histoire à notre fille.
Je	O	O	gagnez toutes les courses.
Mon cousin	O	O	jouent aux échecs tous les dimanches.
Vous	O	O	cherche mes clés dans mon sac.
Les voitures	O	O	roulent très vite.
Nous	O	O	regarde trop la télévision.

EXERCICE 3

Complète les phrases avec les verbes entre parenthèses, au présent :

1. Je .... dans ma chambre. (monter)

2. Tu .... ta tante au téléphone. (appeler)

3. Elle .... des gâteaux au chocolat. (manger)

4. Nous .... un paquet pour Noël. (poster)

5. Vous .... des chatons. (élever)

6. Ils .... à leur père. (ressembler)

ÉPISODE
13

Que d'activités !

EXERCICE 1

Complète les phrases avec les mots suivants :
gymnastique/géographie/gare/badminton/guitare/magie.

1. Mathis joue sur la .... de sa mère.

2. Léa n'est pas très forte en ....

3. Mathis a choisi de faire du ....

4. Léa va choisir la .... l'année prochaine.

5. Mathis aime faire de la ....

6. Léa va à la .... chercher la cousine de sa tante.

EXERCICE 2

Complète les mots avec « g », « gu » ou « ge » :

1. Ma sœur achète une ba____e pour l'anniversaire de notre mère.

2. Nous visitons Rome avec notre ____ide.

3. La ____lée recouvre les fleurs du jardin.

4. Mon frère joue de la ____itare et moi du saxo.

5. Le train arrive en ____are à 2 h 34.

EXERCICE 3

Relie les phrases selon les dessins :

La voiture	O	O	géographie est sur la table.
Le livre de	O	O	la maison est couvert de neige.
C'est le ballon	O	O	est plein de voitures.
Le toit de	O	O	de ma mère est rouge.
Le parking de l'école	O	O	de la petite fille.

Un beau parc animalier

EXERCICE 1

Relie les deux parties de chaque phrase :

Paul et Léa visitent	O	O	est endormi.
La girafe a	O	O	un grand parc animalier.
Les autruches ont	O	O	par terre et imite le petit singe.
Le gros lion féroce	O	O	des plumes douces.
Le soigneur est	O	O	une langue violette.

EXERCICE 2

Complète les phrases avec :
gros/noir/grand/rouges/magnifique/belle/ancienne.

1. Il a un blouson ____________ et des chaussures ________________.

2. C'est un _____________ immeuble.

3. Marie a un ______________ rhume.

4. Il y a une ______________ maison ______________ au coin de la rue.

5. C'est une journée____________________.

Il est temps de faire le point sur tes progrès !
Revois les épisodes 8 à 14 et complète ce petit bilan.

A Relie les deux parties de chaque phrase (6 points) :

Nous O	O fait un bon gâteau.
Elles O	O voulons avoir des bonbons.
Tu O	O veulent manger au restaurant.
Vous O	O vas au collège à 8 h 30.
Je O	O faites du football tous les samedis.
Il O	O peux prendre ma veste.

B Relie les deux parties de chaque phrase (5 points) :

Vous O	O chantons très bien.
Ils O	O racontez des histoires.
Je O	O mange des cerises.
Nous O	O changes de chaussures.
Tu O	O montent au premier étage.

C Complète les mots avec « s », « ss », « c » ou « ç » (4 points) :

1. J'ai un poi___ on rouge qui s'appelle Gaston.

2. C'est l'heure de sa le___ on de piano.

3. Elle a rai___ on. Il fait très beau dehors.

4. Tu me donnes les ___ iseaux, s'il te plait ?

D Choisis la bonne forme du mot (5 points) :

1. Son solo de **gitare/guitare** est génial.
2. Je vais à la **gare/guare** chercher mon frère.
3. Il y a tellement de **neige/neigue**. Je suis **gelée/guelée**.
4. Sa **bage/bague** de fiançailles est en diamant !
5. J'aime bien son nouveau **gilet/guilet** bleu.

Compte tes points !

EXERCICE A : ________ points

EXERCICE B : ________ points

EXERCICE C : ________ points

EXERCICE D : ________ points **Total : ________ points**

Entre 15 et 20 points :

Bien joué ! Tu peux passer à l'épisode suivant ! ☺

Entre 10 et 15 :

Pas mal ! Il faut peut-être revoir quelques boites à outils.

Entre 5 et 10 :

Zut ! Tu dois revoir certaines notions et refaire des exercices avant de continuer.

Entre 0 et 5 :

Aïe ! Tu dois vraiment revoir les épisodes 8 à 14 avant d'aller plus loin. Courage !

ÉPISODE 15

Collectionneur en série

EXERCICE 1

Écoute à nouveau le dialogue et complète le texte :

Mathis collectionne beaucoup de choses. Il a .... petites billes et .... grosses billes. Il a aussi des timbres : .... Mathis collectionne aussi des cartes *Pokemon*. Il en a .... Il aime aussi ses .... coquillages.

EXERCICE 2

Vrai ou faux ?

	VRAI	FAUX
Mathis a beaucoup de collections.		
Léa collectionne les timbres.		
Mathis a beaucoup de cartes de football.		
Benjamin collectionne les coquillages.		
La grand-mère de Mathis et Léa adore voyager.		

EXERCICE 3

Écris en lettres les nombres suivants :

3 826 : ....

87 : ....

200 : ....

Mathis est amoureux

EXERCICE 1

Relie les deux parties de chaque phrase :

Mathis est amoureux O	O pour choisir entre Manon et Marion.
Léa est agacée car O	O et demandent à Léa.
Mathis pense que O	O de Manon et Marion.
Mathis veut tirer à pile ou face O	O Paul est amoureux de Léa.
Les garçons n'ont pas de pièce O	O Mathis est amoureux de beaucoup de filles.

EXERCICE 2

Relie les deux parties de chaque phrase :

Je O	O nourrit son chat tous les matins.
Notre voisine O	O ne se trahissent jamais.
Nous O	O haïssez cette chanson.
Vous O	O obéissons toujours à nos parents.
Les vrais amis O	O finis mes devoirs et j'arrive.

EXERCICE 3

Complète les phrases avec le verbe entre parenthèses au présent :

On .... les enfants désobéissants. (punir)

Nous .... nos pantalons en jouant dans la boue. (salir)

J' .... la pâte à tarte. (aplatir)

Tu .... ton livre cette après-midi. (finir)

Les avions .... à l'aéroport. (atterrir)

ÉPISODE 17

Tous au match !

EXERCICE 1

Vrai ou faux ?

	VRAI	FAUX
Léa et Paul sont venus voir Mathis jouer au rugby.		
Mathis connait les règles du jeu.		
Il y a beaucoup de monde au stade.		
Il y a deux copains du collège au premier rang.		
Le match dure plus d'une heure.		

EXERCICE 2

Complète avec des mots du dialogue :

Mathis et Léa sont venus voir Paul ________ au rugby. Il s'échauffe avec ses ________ avant le match. Il y a ________ de monde dans les tribunes. Victor et Maxime, deux copains du ________, sont les plus grands ________ de Paul.

EXERCICE 3

Complète les phrases avec : tout/toute/tous/toutes.

1. Ils ont ________ aimé ce film.

2. ________ les voitures garées dans la rue sont blanches.

3. Regarde ! ________ tes cahiers sont sur le bureau.

4. Elle a fini cet exercice ________ seule.

5. Tu regardes la télé ________ le temps !

ÉPISODE
18

Le marché de Noël

EXERCICE 1

Choisis la bonne réponse :

1 • Sur la place de la mairie, il y a

a. un énorme sapin.

b. des boutiques.

c. un jardin.

2 • Paul cherche un cadeau

a. pour son père.

b. pour sa grand-mère.

c. pour sa mère.

3 • Paul choisit deux bougies

a. une rouge et une verte.

b. une dorée et une rouge.

c. une verte et une dorée.

4 • Mathis et Léa achètent pour leur petit cousin un puzzle en forme

a. d'ours.

b. de voiture.

c. de maison.

EXERCICE 2

Complète les phrases avec : ce/cet/cette/ces.

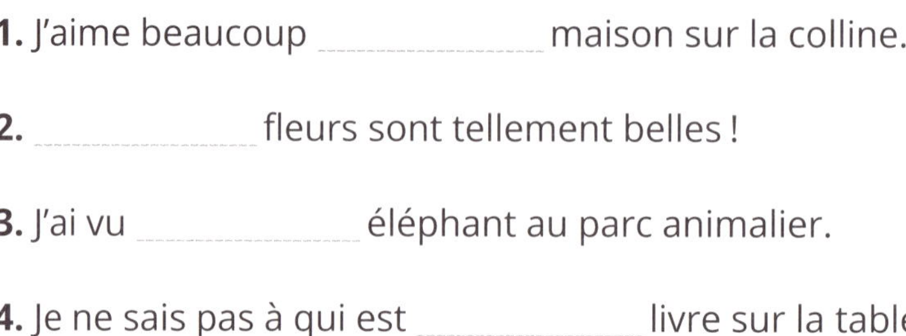

1. J'aime beaucoup ______________ maison sur la colline.

2. ______________ fleurs sont tellement belles !

3. J'ai vu ______________ éléphant au parc animalier.

4. Je ne sais pas à qui est ______________ livre sur la table.

EXERCICE 3

Complète les phrases avec : celui-là/celle-là/ceux-là/celles-là.

1. Veux-tu ces chocolats ? Non, je veux ....

2. Aimez-vous ce thé ? Non, je préfère ....

3. Veux-tu prendre ces valises ? Non, je vais prendre ....

4. Vas-tu dans cette école ? Non, je vais dans ....

ÉPISODE 19

Une visite historique

EXERCICE 1

Vrai ou faux ?

	VRAI	FAUX
Paul, Mathis et Léa sont à Verdun.		
Il y a de la neige.		
Le prix du billet du musée est de 8 euros.		
Au musée, il y a des fusils.		
Paul, Mathis et Léa ont peur que la bombe explose.		

EXERCICE 2

Relie les deux parties de chaque phrase :

Ma sœur	O	O	devons aller vite.
Je	O	O	croyez qu'ils vont venir ?
Nous	O	O	sait jouer du piano.
Les collégiens	O	O	reçois un paquet pour Noël.
Vous	O	O	doivent arriver à l'heure en cours.

EXERCICE 3

Complète les phrases avec le verbe entre parenthèses au présent :

1. Vous .... ces lapins dans le champ ? (voir)

2. Mon grand-père .... que je viens demain. (croire)

3. Tu .... rapporter ton livre à la bibliothèque. (devoir)

4. Mes copines .... leurs leçons. (savoir)

5. Nous .... ma meilleure amie cette après-midi. (recevoir)

Jour d'élection

EXERCICE 1

Relie les deux parties de chaque phrase :

Aujourd'hui, c'est le jour	O	O	est la semaine prochaine.
Léa ne veut pas	O	O	des candidatures pour devenir délégués de classe.
Paul tient toujours	O	O	ses promesses.
Paul veut proposer	O	O	devenir déléguée de classe.
Le jour pour déposer les candidatures	O	O	un dortoir pour faire la sieste.

EXERCICE 2

Complète les verbes dans les phrases suivantes :

1. Nous ten........ notre fils par la main.

2. Je vien........ en train.

3. Vous sort........ du collège.

4. Tu offr........ des fleurs à ton amoureuse.

5. Ils ouvr........ le nouveau magasin demain.

6. Clara soutien........ toujours son petit frère.

EXERCICE 3

Relie les deux parties de chaque phrase :

Tu	O	O	dorment toute la journée.
Les chats	O	O	partons en vacances en juillet.
Nous	O	O	souffres beaucoup à cause de ta jambe cassée.
Jules	O	O	cueillez des cerises dans le jardin.
Vous	O	O	ment tout le temps.

ÉPISODE 21

Miam, des crêpes!

EXERCICE 1

Complète le texte avec les mots suivants :
vide-grenier/crêpes/Chandeleur/veut/invite/vendre.

Aujourd'hui, c'est la ______________. Léa fait des __________.

Elle veut les __________ au ______________ de la rue. Mathis

__________ les manger et __________

Paul à la maison.

EXERCICE 2

Relie les deux parties de chaque phrase :

Les enfants	O	O	prends un thé au citron
Je	O	O	apprennent leur poésie.
Chloé	O	O	rendons visite à notre tante.
Nous	O	O	perdez votre temps. Il est toujours en retard.
Vous	O	O	vend sa vieille voiture.

EXERCICE 3

Conjugue les verbes entre parenthèses :

1. Le chocolat .... dans la casserole. (fondre)

2. Tu .... au téléphone. (répondre)

3. Vous .... d'abord à droite, puis à gauche. (prendre)

4. Nous .... nos clés tout le temps. (perdre)

5. Mon frère et ma sœur .... nos parents. (attendre)

Il est temps de faire le point sur tes progrès!
Revois les épisodes 15 à 21 et complète ce petit bilan.

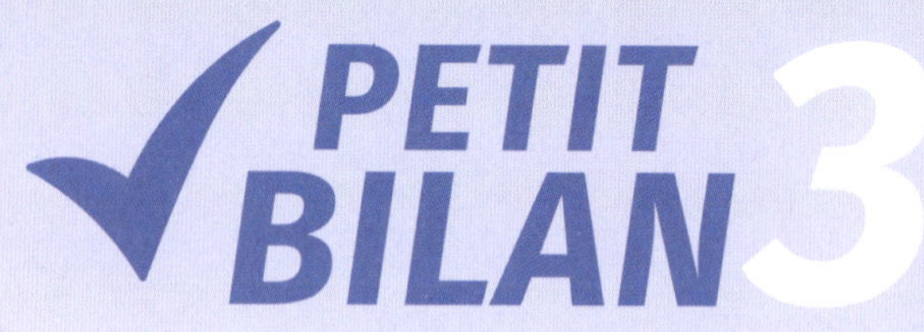

PETIT BILAN 3

A Relie les deux parties de chaque phrase (5 points) :

Je	O	O	punis mon chien qui n'est pas sage.
Vincent	O	O	salissent leurs T-shirts.
Nous	O	O	finissez vos exercices avant le diner.
Vous	O	O	nourrissons les chats.
Les enfants	O	O	choisit le livre d'aventures.

B Complète les phrases avec tout/toute/tous/toutes (5 points) :

1. Ils regardent la télé .... la journée.

2. Ils sont .... venus à la fête.

3. .... ces arbres sont très grands.

4. .... le monde aime cet album.

5. J'aime .... ses nouvelles pâtisseries.

C Complète les phrases avec ce/cet/cette/ces (2 points) :

1. .... immeuble est vraiment très grand.

2. .... garçon est vraiment agaçant.

3. J'aime beaucoup .... pêche. Elle est bien sucrée et juteuse.

4. Je pense que .... gens sont très gentils.

D Complète les phrases avec le verbe entre parenthèses au présent (8 points) :

1. Vous .... qu'il va venir ? (croire)
2. Mon oncle .... déjeuner tous les dimanches. (venir)
3. Tu .... toujours présent quand on t'appelle à l'aide. (répondre)
4. J' .... le pot de confiture de fraises. (ouvrir)
5. Nathalie et Sandrine .... un joli cadeau. (recevoir)
6. Ils .... le bus pour aller au collège. (prendre)
7. Nous .... ma tante la semaine prochaine. (voir)
8. Caroline .... son livre à son amie Clarisse. (rendre)

Compte tes points !

EXERCICE A : .... points

EXERCICE B : .... points

EXERCICE C : .... points

EXERCICE D : .... points

Total : .... points

Entre 15 et 20 points :

Bien joué ! Tu peux passer à l'épisode suivant ! ☺

Entre 10 et 15 :

Pas mal ! Il faut peut-être revoir quelques boites à outils.

Entre 5 et 10 :

Zut ! Tu dois revoir certaines notions et refaire des exercices avant de continuer.

Entre 0 et 5 :

Aïe ! Tu dois vraiment revoir les épisodes 15 à 21 avant d'aller plus loin. Courage !

ÉPISODE 22

La Saint-Valentin

EXERCICE 1

Choisis la bonne réponse :

1 • Léa reçoit beaucoup de
a. garçons.
b. petits chats.
c. cartes.

2 • Léa a une carte
a. de son cousin.
b. de New York.
c. de son voisin.

3 • Léa reçoit ses cartes
a. en classe.
b. dans sa boite aux lettres.
c. devant sa maison.

4 • Léa essaye
a. de battre son record.
b. de trouver la carte de son amoureux.
c. d'envoyer une carte de Saint-Valentin.

EXERCICE 2

Relie les deux parties de chaque phrase :

Paul pense que O	O battre son record.
Léa aime la carte O	O celle avec la tour Eiffel.
Paul préfère O	O avec les chevaux.
Son voisin O	O s'appelle Théo.
Léa veut O	O les garçons sont romantiques.

EXERCICE 3

Conjugue les verbes entre parenthèses au présent :

Nous .... à notre chien de dormir dans notre lit. (permettre)

Je .... ma meilleure amie depuis six ans. (connaitre)

Vous .... de ne pas être en retard cette fois-ci ? (promettre)

Mathieu .... qu'il s'est trompé de réponse. (admettre)

Les filles de sa classe .... les garçons à la course. (battre)

Le remplaçant

EXERCICE 1

Vrai ou faux ?

	VRAI	FAUX
M. Morello est le professeur de mathématiques.		
Mathis et Paul aiment aller au skatepark.		
Paul pense que le remplaçant va être très gentil.		
Paul pense que le remplaçant va faire des dictées.		
Le remplaçant s'appelle M. Verdier.		

EXERCICE 2

Complète les phrases avec : de la/de l'/du/des.

1. J'ai envie de manger ______ purée.

2. C'est la maison ______ professeur de piano de ma sœur.

3. Nous partons ______ aéroport de Toulouse.

4. C'est la cabane ______ enfants.

EXERCICE 3

Complète les phrases avec : à la/à l'/au/aux.

1. Manon s'est fait mal. Claire l'accompagne ______ infirmerie.

2. Si elle ne va pas mieux, Manon va aller ______ urgences.

3. Je pense qu'ils font du sport ______ stade.

4. Louise veut aller ______ piscine.

ÉPISODE 24

C'est carnaval !

EXERCICE 1

Complète le texte avec des mots du dialogue :

Demain, c'est ______ . Léa cherche un ______ . Son déguisement de ______ est trop petit. Léa ne veut se déguiser ni en ______ ni en pirate. Elle choisit un déguisement d' ______ .

EXERCICE 2

Choisis entre les deux conjonctions de coordination proposées :

1. Je vais prendre du poulet **et**/**mais** de la salade.

2. Elle rentre vite **mais**/**car** il fait froid.

3. Margot était malade **ni**/**donc** elle n'est pas venue.

4. Cette voiture n'est **ni**/**mais** trop grande **ni**/**car** trop petite.

5. Je suis pressée **mais**/**et** je vais t'aider.

EXERCICE 3

Complète les phrases avec la bonne conjonction de coordination :

1. Amed ne sait pas si j'ai un contrôle d'histoire _______ de géographie.

2. Je suis admirative ________ elle est très forte en sciences.

3. J'aime les roses _______ les tulipes.

4. Je dois voir mon docteur _________ il est absent.

5. Il y a des grèves de train _____________ je vais partir plus tôt.

ÉPISODE 25

Le mariage de ma tante

EXERCICE 1

Vrai ou faux ?

	VRAI	FAUX
Aujourd'hui, c'est le jour du mariage de la tante de Paul.		
Sa tante se marie à l'église et à la mairie.		
Le restaurant est au bord de la rivière.		
Léa ne veut pas se marier.		
Léa veut danser pendant des heures à son mariage.		

EXERCICE 2

Relie les deux parties de chaque phrase :

Aujourd'hui, Paul est très élégant	O	O	en Polynésie.
La tante de Paul	O	O	est un endroit très romantique.
Le restaurant du mariage	O	O	dans une robe avec de la dentelle.
Léa veut partir en voyage de noces	O	O	car il va au mariage de sa tante.
Léa veut se marier	O	O	ne va jamais à l'église.

EXERCICE 3

Complète les phrases avec : jamais/rien/toujours.

1. Mon oncle ne va .... à la piscine. Il n'aime pas se baigner.

2. Je n'ai .... pas de téléphone portable. Ma mère trouve que je suis trop jeune.

3. Martin ne mange .... ce midi. Il va bien manger au diner !

4. Je ne lis .... de BD car je n'aime pas cela.

L'exposé

EXERCICE 1

Choisis la bonne réponse :

1 • Léa doit faire un exposé
a. en histoire.
b en sciences.
c. en gymnastique.

2 • Elle doit l'apporter au collège
a. le lendemain.
b. la semaine prochaine.
c. mardi.

3 • Léa a besoin
a. de scotch.
b. de ficelle.
c. de scotch et de ficelle.

4 • Finalement, pour aller au collège, Léa va prendre
a. le bus.
b. son vélo.
c. la voiture avec son père.

EXERCICE 2

Complète les phrases avec les mots de la boite à outils :

1. Ma cousine va .... Paris tous les week-ends.

2. Son correspondant vient .... Espagne

3. Pour aller à la bibliothèque, il faut passer .... la poste et continuer tout droit.

4. Mon manteau est .... le placard de l'entrée.

5. Pendant le voyage, la caravane est .... la voiture.

EXERCICE 3

Fais des phrases selon le dessin :

1. La petite fille est .... l'arbre.

2. Le petit garçon est .... du ballon rouge.

3. Le chien est .... la maison.

4. Le poisson est .... l'aquarium.

ÉPISODE 27

L'épidémie

EXERCICE 1

Vrai ou faux ?

	VRAI	FAUX
Tout le monde est malade au collège.		
Mme Abéda était absente hier.		
M. Lorenzo n'est pas malade.		
Amed est absent depuis une semaine.		
Le collège va fermer.		

EXERCICE 2

Complète les phrases avec les mots de la boite à outils :

1. J'aime bien aller à la plage .... été.

2. Claire est partie en vacances .... trois jours.
Elle vient de rentrer.

3. .... que tu es petit, tu aimes manger des fraises.

4. .... son mariage, Léa veut une robe avec de la dentelle.

5. Il joue au rugby .... cinq ans.

EXERCICE 3

Complète les phrases avec :
la semaine dernière/depuis/pendant/la dernière semaine.

1. Thomas est en vacances .... trois jours. Il est parti hier.

2. Thomas est en vacances .... trois jours.
Ce n'est pas très long mais cela va lui faire du bien.

3. .... il est allé voir sa tante à Marseille.

4. Il a son argent de poche .... du mois.

ÉPISODE 28

La chasse aux œufs

EXERCICE 1

Complète les phrases avec des éléments du dialogue :

1. Pour transporter le pique-nique, Léa et Mathis prennent une ....

2. Ils prennent des .... et des ....

3. Il ne faut pas prendre la .... Elle est pour le diner.

4. Léa, Paul et Mathis sont pressés car ils vont chercher des ....

5. Ils vont au parc du château avec la .... de Paul.

EXERCICE 2

Complète les phrases avec les verbes entre parenthèses :

1. .... -moi mon livre ! (rendre)

2. Gabriel ? Laurent ? .... de là ! (sortir)

3. .... -y. Nous allons être en retard. (aller)

4. .... vite ! J'ai besoin de ton aide. (venir)

5. .... attention. Vous êtes trop près de la rivière. (faire)

EXERCICE 3

Relie les phrases de manière logique :

Ne va pas dans la forêt seul.	O	O	Le poulet sera prêt.
Mets vite tes bottes.	O	O	Tu vas te perdre.
Venez vers 19 h pour diner.	O	O	Il neige ! On va jouer dehors.
Ne fais pas du feu ici.	O	O	Tu risques de glisser sur ce trottoir mouillé.
Donne-moi la main.	O	O	Tu vas provoquer un incendie.

Il est temps de faire le point sur tes progrès !
Revois les épisodes 22 à 28 et complète ce petit bilan.

PETIT BILAN 4

A Complète les phrases avec les bonnes prépositions (5 points) :

1. Mon meilleur ami habite __________ Brest.

2. Ce plat vient __________ Norvège.

3. Pour se rendre au gymnase, il faut passer __________ le collège.

4. Mon livre est __________ le tiroir de mon bureau.

5. Le chat dort __________ le canapé.

B Complète les phrases avec de la/du/à l'/au/aux (5 points) :

1. Anne aime manger __________ fromage avec ses pâtes.

2. Charlotte va s'entrainer __________ stade tous les dimanches.

3. Arthur veut aller chanter __________ opéra.

4. Les enfants veulent __________ glace pour le goûter.

5. J'aime la pizza __________ champignons.

C Complète les phrases avec la semaine prochaine/depuis/demain/par/au (5 points) :

1. Fabien part en vacances __________________ . Il faut vite faire sa valise.

2. Laurence est mariée avec Thierry __________________ vingt ans.

3. Ils jouent au tennis trois fois __________________ semaine.

4. __________________ printemps, les jardins fleurissent.

5. Nous allons avoir contrôle d'histoire __________________ .

D Complète les phrases avec les verbes entre parenthèses (5 points) :

1. .... -moi mon sac ! (donner)
2. Benjamin ? Samia ? .... vos devoirs ! (finir)
3. .... nos manteaux. Nous allons être en retard. (prendre)
4. .... vite de là ! Tu vas être tout sale. (sortir)
5. .... attention. Vous allez vous faire bousculer. (faire)

EXERCICE A : .... points

EXERCICE B : .... points

EXERCICE C : .... points

EXERCICE D : .... points

Total : .... points

Entre 15 et 20 points :

Bien joué ! Tu peux passer à l'épisode suivant ! ☺

Entre 10 et 15 :

Pas mal ! Il faut peut-être revoir quelques boites à outils.

Entre 5 et 10 :

Zut ! Tu dois revoir certaines notions et refaire des exercices avant de continuer.

Entre 0 et 5 :

Aïe ! Tu dois vraiment revoir les épisodes 22 à 28 avant d'aller plus loin. Courage !

ÉPISODE 29

La journée des langues

EXERCICE 1

Relie chaque question à sa réponse :

Que se passe-t-il aujourd'hui ?	O	O	Elle fait partie du club d'échecs.
Qui anime l'atelier occitan ?	O	O	Sènami.
Que fait-on pendant la journée des langues ?	O	O	C'est la professeure d'espagnol.
Qui anime l'atelier fon ?	O	O	C'est la journée des langues.
Que fait Sènami ?	O	O	On découvre de nouvelles langues.

EXERCICE 2

Réponds aux questions suivantes de manière logique par rapport au dialogue :

1. Qui va animer l'atelier chinois ? ....

2. Que va prendre Léa ? ....

3. Qui va enseigner le gallois ? ....

4. Qu'est-ce que va apprendre Mathis ? ....

5. Que pense Mathis de Sènami ? ....

EXERCICE 3

Pose les questions sur les parties soulignées

1. Maman prépare notre diner. => ....

2. Je fais de l'équitation tous les week-ends. => ....
....

3. Nous prenons du jus de fruits pour le goûter. => ....
....

4. Fatou et Laura vont prendre le train ce soir. => ....
....

5. Clothilde étudie le violon cette année. => ....
....

ÉPISODE 30

Le gala de danse

EXERCICE 1

Choisis la bonne réponse :

1 • Quand se déroule le gala de danse ?
a. samedi matin.
b. dimanche matin.
c. samedi soir.

2 • Où se déroule le gala ?
a. au collège.
b. à la salle municipale.
c. à la médiathèque.

3 • Où habite oncle Guillaume ?
a. dans le village d'à côté.
b. au collège.
c. à côté de la médiathèque.

4 • Que propose Mathis à la fin du dialogue ?
a. D'aller au collège.
b. D'aller au gala.
c. De diner tous ensemble chez oncle Guillaume.

EXERCICE 2

Complète les phrases avec « quand » ou « où » :

1. .... vas-tu chez le dentiste ? Demain ?

2. Je sais .... Maxence habite.

3. .... plantez-vous ces fleurs ? Sous les arbres ?

4. .... partons-nous en vacances ? À Nice ou à Cannes ?

5. Je ne sais pas .... ils vont arriver, le matin ou l'après-midi.

EXERCICE 3

Pose les questions sur les parties soulignées :

1. Louise déménage à <u>Strasbourg</u>. ....

2. Mes grands-parents arrivent <u>à 17 h</u>. ....

3. <u>Aujourd'hui</u>, nous faisons une promenade à vélo. ....

....

4. Mes voisins vont <u>au Carnaval de Venise</u>. ....

....

5. Ils font du ski <u>chaque hiver</u>. ....

....

ÉPISODE 31

Sortie à la patinoire

EXERCICE 1

Relie les deux parties de chaque phrase :

Paul enfile de grosses chaussettes	O	O	avec Léa et Mathis.
Paul va à la patinoire	O	O	parce qu'elle est trop petite.
Paul ne veut pas emmener Clara	O	O	parce qu'il va mettre des patins à glace.
L'amie de Clara va à la patinoire	O	O	le dimanche matin avec sa sœur.

EXERCICE 2

Complète les phrases de manière logique, en utilisant « parce que » :

1. Paul va à la patinoire avec Léa et Mathis ....

....

2. Paul met des gants ....

....

3. Lise va à la patinoire le dimanche matin ....

....

EXERCICE 3

Pose les questions sur les parties soulignées :

1. Florent travaille beaucoup parce qu'il veut réussir son contrôle d'espagnol. ....

2 Je ne veux pas sortir parce que je suis fatiguée. ....

....

3. Tu n'as pas besoin d'arroser le jardin parce qu'il pleut beaucoup.

....

4. Nous avons pris le train parce que nous avons peur en avion.

....

ÉPISODE 32

Selfies !

EXERCICE 1

Vrai ou faux ?

	VRAI	FAUX
Léa fait un concours de selfie avec Lucie et Cyrielle.		
Léa va mettre un gilet bleu.		
Léa va prendre de nouvelles photos dans le jardin.		
Mathis conseille à Léa de mettre des boucles d'oreilles.		
Léa n'est pas contente de ses nouvelles photos.		

EXERCICE 2

Complète les phrases avec : quel/quelle/quels/quelles.

1. .... robe vas-tu choisir pour la fête de Jérémie ?

2. .... arbres fruitiers voulez-vous planter dans votre jardin ?

3. .... randonnées vont-ils faire cet été ?

4. .... livre as-tu préféré ?

5. .... enfant crie aussi fort ?

EXERCICE 3

Complète les phrases avec : lequel/laquelle/lesquels/lesquelles.

1. J'ai envie d'une glace. D'accord, ... veux-tu manger ?

2. Oh ! Un troupeau d'éléphants ! L'un d'eux a l'air en colère.

   Ah oui, ... ?

3. Tiens, prends ces chaises. Euh... Tu veux .... exactement ?

4. L'un de ces garçons a perdu son sac. Oh non... .... ?

5. Je fais plusieurs sandwichs. .... veux-tu prendre ?

ÉPISODE 33

Les jolis ponts de mai

EXERCICE 1

Trouve la bonne réponse :

1 • Pourquoi Paul est-il inquiet ?
a. Le pont est bloqué.
b. Il a peur de ne pas finir le programme.
c. Ils vont visiter un château.

2 • Mathis est-il inquiet de tous ces ponts ?
a. Oui, très inquiet.
b. Cela lui est égal.
c. Non, il est très content.

3 • Que propose Mathis ?
a. De visiter un château médiéval.
b. D'aller au collège pendant les ponts.
c. De préparer des contrôles.

4 • Que demande Paul à la fin ?
a. S'ils peuvent aller au stade.
b. S'ils vont aller faire de la randonnée.
c. S'ils vont avoir des contrôles sur leurs visites.

EXERCICE 2

Relie les lieux et les matières :

Histoire	O	O	Le cinéma
Astronomie	O	O	La rivière pour pêcher des poissons.
Biologie	O	O	Le château de médiéval
Anglais	O	O	Le planétarium

EXERCICE 3

Pose les questions sur les éléments soulignés :

1. Je vais au collège en bus. ....

2 Je vais très bien, merci. ....

3. Sa mère est vraiment très grande. ....

4. Je veux mon café avec du sucre, s'il te plait. ....

....

ÉPISODE 34

Jardinage avec Mamie

EXERCICE 1

Complète la phrase avec les mots du dialogue :

1. Léa aide sa mamie à ....

2. Mamie demande à Léa d'arracher les ....

3. Léa et Mamie vont manger.. .

4. Léa trouve le jardinage.. .

5. Mathis ne veut pas jardiner avec.. .

EXERCICE 2

Complète les phrases avec le bon pronom objet :

1. La baignoire ________ remplit pour le bain.
2. Je ________ lève très tôt le matin.
3. Vous ________ habillez toujours très bien.
4. Tu ________ bats souvent avec ton frère.

EXERCICE 3

Conjugue le verbe entre parenthèses :

1. Tu ________ ________ beaucoup trop. (se parfumer)
2. Vous ________ ________ dans la rivière. (se baigner)
3. Le chat ________ ________ sur l'arbre quand le chien arrive. (se percher)
4. Nous ________ ________ les mains et nous arrivons. (se laver)

Ménage de printemps

EXERCICE 1

Vrai ou faux ?

	VRAI	FAUX
Léa et Mathis vont faire le ménage.		
Léa et Mathis vont enlever les rideaux.		
Ils veulent faire de la place pour de nouveaux vêtements.		
Ils veulent donner leurs vieux jouets à une association.		

EXERCICE 2

Complète les phrases avec le verbe entre parenthèses au participe présent :

1. Je vais prendre du pain en ______________. (rentrer)

2. Ils finissent leur stage en ______________ monter à cheval. (savoir)

3. Vous arrivez à la poste en ______________ à droite. (prendre)

4. En ______________ plus tôt, ils vont pouvoir aller au parc. (finir)

5. Tu fais le ménage en ______________. (chanter)

EXERCICE 3

Accorde correctement le participe présent utilisé ici comme adjectif :

1. Ces petites filles sont très ______________. (fatiguer)

2. Tu aimes cette sauce ______________. (piquer)

3. Cette lumière est ______________. (aveugler)

4. Les livres de cet auteur sont toujours ______________. (intéresser)

Il est temps de faire le point sur tes progrès!
Revois les épisodes 29 à 35 et complète ce petit bilan.

A **Pose les questions sur les éléments soulignés** (5 points) :

1. Elle va à la piscine tous les mardis. ....
2. Pauline aime beaucoup les pizzas. ....
3. Il prend son sac et s'en va. ....
4. Nous allons en vacances en Italie. ....
5. Vous allez à l'école à pied. ....

B **Relie les questions et leurs réponses** (5 points) :

Pourquoi pleure-t-il ?	O	O	Parce que c'est mon anniversaire.
Pourquoi prends-tu ton pull ?	O	O	Parce qu'elles ont très chaud.
Pourquoi allons-nous à l'école en voiture ?	O	O	Parce qu'il s'est fait mal.
Pourquoi faites-vous un gâteau ?	O	O	Parce qu'il fait froid.
Pourquoi boivent-elles ?	O	O	Parce que le bus est en panne.

C **Complète les phrases avec quel/quelle/quels/lequel/laquelle/lesquels** (5 points) :

1. .... bonbons veux-tu ? Et .... boisson ?
2. J'aime bien le violet et le vert. .... de ces couleurs préfères-tu ?
3. Il y a du choix parmi les livres de la bibliothèque. .... souhaites-tu emprunter ?
4. .... chemin doit-on prendre ?
5. Ce cheval est celui sur .... je préfère monter.

D Complète les phrases avec les verbes entre parenthèses au présent (5 points) :

1. Tu .... beaucoup trop tôt. (se lever)

2. Vous .... peur tout seuls avec ces déguisements horribles. (se faire)

3. Gabriel .... pour ne pas aller chez le dentiste. (se cacher)

4. Ils .... pour se dire bonjour. (se sourire)

5. Nous .... chaudement ce matin car il fait froid. (s'habiller)

Compte tes points !

EXERCICE A : .... points

EXERCICE B : .... points

EXERCICE C : .... points

EXERCICE D : .... points

Total : .... points

Entre 15 et 20 points :

Bien joué ! Tu peux passer à l'épisode suivant ! ☺

Entre 10 et 15 :

Pas mal ! Il faut peut-être revoir quelques boites à outils.

Entre 5 et 10 :

Zut ! Tu dois revoir certaines notions et refaire des exercices avant de continuer.

Entre 0 et 5 :

Aïe ! Tu dois vraiment revoir les épisodes 29 à 35 avant d'aller plus loin. Courage !

ÉPISODE
36

Le rallye lecture

EXERCICE 1

Choisis la bonne réponse :

1 • Qui participe au rallye lecture ?
a. Paul et Léa.
b. Paul.
c. Léa.

2 • Où les enfants peuvent-ils trouver les livres ?
a. Auprès de Mme Fournier.
b. À la bibliothèque.
c. À la maison.

3 • Combien de livres Léa lit-elle ?
a. Un livre tous les deux jours.
b. Un livre par semaine.
c. Un livre par jour.

4 • Combien y a-t-il de livres dans la liste de Léa ?
a. 20.
b. 4 ou 5.
c. 80.

EXERCICE 2

Complète les phrases avec : le/l'/la/les.

1. Son frère ? Elle ______ voit la semaine prochaine.

2. Ses lunettes ? Gaston ______ cherche partout.

3. Léa ? Mme Fournier ______ aide à choisir des livres.

4. Nos blousons de sport ? Nous ______ prenons pour aller courir.

5. La place de la Concorde ? Je ______ connais très bien.

EXERCICE 3

Transforme les phrases selon l'exemple :
Je prends ce gâteau => Je le prends.

1. Elsa aime son petit frère. => ....

2. Nous montrons nos exercices à notre professeur.
=> ....

3. Tu prends ta bouteille d'eau. => ....

4. Les garçons mangent le gâteau d'anniversaire.
=> ....

5. Ils mettent leurs chaussures de sport pour aller courir.
=> ....

ÉPISODE 37

Le tournoi de jeux vidéo

EXERCICE 1

Vrai ou faux ?

	VRAI	FAUX
Paul a appris ses leçons.		
Mathis va participer à un tournoi de jeux vidéo.		
Mathis a tout rangé dans sa chambre.		
Paul est un mauvais entraineur.		
La coupure de courant ne va durer qu'une minute.		

EXERCICE 2

Accorde les participes passés correctement :

1. Ses devoirs fait____, Marc part jouer au foot avec ses copains.

2. La cuisine rangé____, nous allons pouvoir préparer le diner.

3. L'arbre penché____ menace de tomber.

4. Les enfants effrayé____ rentrent en courant de la forêt.

5. Les voitures accidenté____ partent à la décharge.

EXERCICE 3

Complète les phrases avec le verbe entre parenthèses au participe passé :

1. Les journées ____________ sont parfaites pour aller à la plage. (ensoleiller)

2. Cette fille est ____________. Elle a trop couru. (essouffler)

3. Une fois leurs amis ____________, ils se sont couchés. (partir)

4. Ils vont faire une exposition avec les photos ____________ pendant le voyage. (prendre)

5. La distance ____________ pendant la course est très grande. (parcourir)

La fête de la Musique

EXERCICE 1

Choisis la bonne réponse :

1 • Pendant la fête de la Musique, il y a
a. des conférences.
b. des expositions.
c. des concerts.

2 • L'année dernière, pour la fête de la Musique, Mathis a écouté
a. un concert de jazz.
b. rien, il pleuvait trop.
c. un concert classique.

3 • Paul et Mathis sont venus écouter
a. le groupe de M. Lotinelle, leur professeur de musique.
b. un orchestre de jazz.
c. le reste de la classe.

4 • Paul et Mathis
a. envoient un texto aux élèves de tout le collège.
b. envoient un texto aux élèves de la classe et postent une photo.
c. postent une photo sur le groupe familial.

EXERCICE 2

Indique si le verbe souligné est à l'imparfait ou au passé composé :

1. Il y <u>avait</u> de jolies fleurs dans le vase. => ....

2. Il <u>a été</u> gentil hier soir. => ....

3. Nous <u>sommes allés</u> au supermarché ce matin. => ....

4. Elles <u>étaient</u> contentes de venir. => ....

5. J'<u>étais</u> à la patinoire ce matin. => ....

Corrigés

ÉPISODE 1 : Bienvenue chez nous !

EXERCICE 1

	V	F
Mathis est une fille.		X
Léa a 12 ans.	X	
Félix est un chien.		X
Les parents de Paul sont musiciens.		X
Le bébé du voisin est bruyant.	X	

EXERCICE 2

Ils ont une grande maison.
Tu es vraiment beau.
Nous avons des voisins très gentils.
Je suis très contente de te rencontrer.
Elle a une très jolie robe.
Vous êtes des enfants sages.
On est en hiver.

EXERCICE 3

1 • J'**ai** très faim.
2 • Nous **sommes** en colère.
3 • Elles **sont** très grandes.
4 • On **a** une belle voiture.
5 • Vous **avez** de la chance.
6 • Tu **as** un beau chat, Léa.
7 • Il **est** très tard.

ÉPISODE 2 : C'est la rentrée !

EXERCICE 1

Mathis	Léa	Paul
pantalon noir	jupe	T-shirt bleu
chaussures rouges	boucles d'oreilles	pull blanc
casquette rouge	chemisier blanc	
	imperméable	

EXERCICE 2

1 • **Les** casquettes protègent du soleil.
2 • Il a **des** chaussures noires.
3 • **Le** pull de Laura est gris.
4 • **L'**imperméable de Samuel est très beau.
5 • Nous avons tous **les** livres de cuisine de ma grand-mère.
6 • Ce matin, Marie a pris **un** sac marron.
7 • **La** robe de Tiffany est très élégante.
8 • J'ai **une** paire de boucles d'oreilles en or.

EXERCICE 3

1 • Il a un pantalon **bleu**.
2 • Nous avons des chaussures **orange**.
3 • J'ai un manteau **noir**.
4 • Elles ont des sacs **marron**.
5 • Tu as les cheveux **gris**.
6 • Vous avez une robe **blanche**.

ÉPISODE 3 : Quelle longue liste !

EXERCICE 1

1 • **b**. (Mathis et Léa préparent leurs fournitures scolaires.)
2 • **c**. (Mathis n'est pas content parce qu'il finit tard tous les soirs.)
3 • **a**. (Léa a beaucoup de gommes parce qu'elle fait beaucoup d'erreurs.)
4 • **c**. (Le dictionnaire d'anglais est pour Mathis.)
5 • **b**. (La mère de Léa et Mathis veut que les enfants gardent le matériel des années précédentes.)

EXERCICE 2

C'est le sac à main de ma sœur.
J'aime les fleurs de son jardin.
Ce sont ses gâteaux préférés.
Votre oncle est vraiment très gentil.
Leurs arbres sont en fleur.
Mes amies ont de bonnes notes.

EXERCICE 3

1 • éléphant
2 • école
3 • rêve
4 • bêtise
5 • collège

ÉPISODE 4 : Ma meilleure amie !

EXERCICE 1

Léa et Paul trouvent qu'il fait très beau.
Léa regarde des photos de sa meilleure amie Clara.
Léa et Clara sont amies depuis cinq ans.
Paul trouve Clara très jolie.
Mathis pense que Clara est sa meilleure amie.

EXERCICE 2

La trottinette de Pierre est **blanche**. Elle est **vieille**. Pierre est **heureux** de changer de trottinette. Sa **nouvelle** trottinette est **bleue**. Il est très **fier** de se promener dans les rues. Son amie Anna est **contente** pour lui.

EXERCICE 3

Le clown a les **cheveux** bleus. Il a une **bouche** rouge et des **yeux** verts. Ses **joues** sont orange mais ses **oreilles** sont roses. Son **nez** est rond et ses **mains** ont des gants blancs.

ÉPISODE 5 : Un pique-nique mal préparé

EXERCICE 1

	V	F
Léa et Mathis préparent un pique-nique.	X	
Le panier est dans la cuisine.		X
Mathis aime les tomates.		X
Léa a des bonbons dans sa chambre.	X	
Le parasol est dans le salon.		X

EXERCICE 2

1 • Ma mère n'aime pas les pommes.
2 • Je ne suis pas très heureuse aujourd'hui.
3 • Tu n'as pas une jolie robe.
4 • Nous ne sommes pas en retard.
5 • Elles n'ont pas raison.

EXERCICE 3

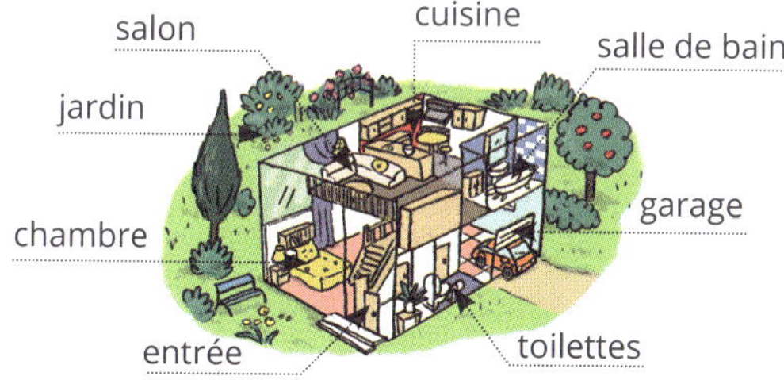

ÉPISODE 6 : Un gâteau d'anniversaire

EXERCICE 1

1 • **b.** (Léa et Mathis font un gâteau.)
2 • **c.** (La mère de Léa et Mathis aime les fraises.)
3 • **a.** (Léa et Mathis n'ont pas de moule.)
4 • **c.** (Léa et Mathis vont faire des crêpes.)

EXERCICE 2

1 • Tu as les cheveux blonds ? As-tu les cheveux blonds ? Est-ce que tu as les cheveux blonds ?
2 • Mathis aime la crème à la vanille ? Mathis aime-t-il la crème à la vanille ? Est-ce que Mathis aime la crème à la vanille ?
3 • Nous avons des bonbons ? Avons-nous des bonbons ? Est-ce que nous avons des bonbons ?

EXERCICE 3

1 • Tu as des pommes ? As-tu des pommes ? Est-ce que tu as des pommes ?
2 • Il/elle a un livre ? A-t-il/elle un livre ? Est-ce qu'il/elle a un livre ?
3 • Vous avez un gâteau ? Avez-vous un gâteau ? Est-ce que vous avez un gâteau ?
4 • Ils/elles ont du chocolat ? Ont-ils/elles du chocolat ? Est-ce qu'ils/elles ont du chocolat ?

ÉPISODE 7 : Promenade au château

EXERCICE 1

Paul et Mathis vont visiter un château.
Paul adore les châteaux et les chevaux.
À Noël, il y a beaucoup de décorations dans le parc.
En été, les gens pique-niquent dans le parc.
Le château est fermé et Paul et Mathis jouent aux jeux géants.

EXERCICE 2

	V	F
Le château est très loin.		X
Il y a des chevaux dans le parc du château.	X	
Il y a beaucoup de fleurs dans le parc au printemps.	X	
Il y a beaucoup de gens dans le parc.		X
Le château est fermé.	X	

EXERCICE 3

1 • Les bateau**x** sur la mer sont blancs.
2 • Mes oncle**s** sont les frère**s** de ma mère.
3 • J'aime lire les journau**x**.
4 • Les bijou**x** bleu**s** sont mes préférés.
5 • Nos livre**s** sont banal**s**.

Corrigés

A. Relie les deux parties de chaque phrase :

Je suis heureuse de vous rencontrer.
Tu es très intelligent.
Elle a des cheveux blonds.
Nous sommes de la même famille.
Vous avez une amie très jolie.
Ils sont prêts.

B. Complète les phrases avec un article défini ou indéfini :

1. Regarde ! Il y a **des** chiens dans la rue.
2. C'est **le** manteau de mon frère.
3. **L'**arbre de notre jardin est très grand.
4. **Une** dame marche dans la rue.
5. Ce sont **les** chaussures de ma mère.

C. Transforme les phrases à la forme négative :

1. Mathis n'a pas de sœur jumelle.
2. Nous ne sommes pas frère et sœur.
3. Paul n'aime pas les châteaux.
4. Elles ne sont pas très gentilles.
5. Vous n'êtes pas en retard.

D. Transforme les phrases en utilisant les différentes formes interrogatives :

1. A-t-elle de jolis yeux ? Est-ce qu'elle a de jolis yeux ? Elle a de jolis yeux ?
2. Es-tu désolé ? Est-ce que tu es désolé ? Tu es désolé ?
3. Avez-vous de gros gâteaux ? Est-ce que vous avez de gros gâteaux ? Vous avez de gros gâteaux ?
4. A-t-il un grand jardin ? Est-ce qu'il a un grand jardin ? Il a un grand jardin ?

ÉPISODE 8 : Un petit tour à la piscine

EXERCICE 1

	V	F
Léa fait la vaisselle.		X
Mathis va courir au stade.	X	
Léa et Paul vont à la piscine.	X	
Les parents de Léa et Mathis vont voir un film comique.		X
Mathis fait la tête.	X	

EXERCICE 2

Je vais au supermarché.
Tu vas prendre le bus.
Il fait ses devoirs.
Nous allons à l'école.
Vous faites un gâteau.
Elles vont marcher en forêt.

EXERCICE 3

1 • Je **fais** les courses avant de rentrer.
2 • Tu **fais** un puzzle.
3 • Il **va** au stade le dimanche matin.
4 • Nous **faisons** des pâtes au fromage.
5 • Vous **allez** à la gare.
6 • Elles **font** du sport tous les samedis.

ÉPISODE 9 : L'heure, c'est l'heure !

EXERCICE 1

1 • Paul, Léa et Mathis vont à une journée **d'orientation**.
2 • Ils vont découvrir de nouveaux **métiers**.
3 • À 13 h, Paul rencontre **un pharmacien**.
4 • Léa aime les **animaux**.
5 • La pause-déjeuner est le moment **préféré** de Mathis.

EXERCICE 2

9 h => un banquier.
10 h => une biologiste.
11 h => un entraineur sportif.
12 h => le déjeuner.
13 h => un pharmacien.
14 h => une zoologiste.
15 h => un dessinateur de bandes dessinées.

EXERCICE 3

1 • le 14 juillet 1789
2 • le 25 décembre
3 • le 1er mai
4 • le 8 mai 1945
5 • le 21 juillet 1969

ÉPISODE 10 : Un cadeau fait maison

EXERCICE 1

1 • **b.** (Mathis veut que Léa lui donne de la colle.)

2 • **a.** (Léa et Mathis préparent un cadeau d'anniversaire de mariage.)
3 • **a.** (Le cadeau est une boite à thé.)
4 • **b.** (Paul veut la même boite.)

EXERCICE 2

Vous voulez des bonbons.
Je veux du thé.
Ils veulent lire un magazine.
Nous voulons aller à la piscine.
Elle veut apprendre à nager.

EXERCICE 3

1 • Nous **pouvons** manger des biscuits.
2 • Elles **peuvent** apprendre le russe.
3 • Je **peux** aller à la plage.
4 • Vous **pouvez** faire un cadeau à votre sœur.
5 • Il **peut** courir très vite.

ÉPISODE 11 : Le nouveau

EXERCICE 1

	V	F
En cours, il parle tout le temps.	X	
À la cantine, il lance des petits pois.		X
Tom pose des questions tout le temps.	X	
Toute la classe l'aime bien.		X
Tom est le nouveau de la classe.	X	

EXERCICE 2

1 • Le profe**ss**eur de sciences est gentil.
2 • La mai**s**on est grande et avec une grande terra**ss**e.
3 • Ma mère aime les rai**s**ins et les frai**s**es.
4 • Je fais un de**ss**in pour ma cou**s**ine.
5 • Il y a 10 poi**ss**ons dans notre ba**ss**in.

EXERCICE 3

1 • J'aime aller au **c**inéma pour voir des dessins animés.
2 • Mon fla**c**on de parfum est de **c**ouleur rose.
3 • Ce gar**ç**on adore manger des **c**aramels.
4 • J'ai une pla**c**e pour aller au con**c**ert.
5 • Il apprend sa le**ç**on de **c**alcul.

ÉPISODE 12 : Un emploi du temps chargé

EXERCICE 1

Le lundi, Paul joue au rugby.
Le jeudi, Paul pratique les échecs.
Le mercredi, Léa et Mathis jouent au badminton.
Le week-end, les garçons font leurs devoirs.
Le mardi, Paul apprend la guitare.

EXERCICE 2

Ils jouent aux échecs tous les dimanches.
Je cherche mes clés dans mon sac.
Mon cousin regarde trop la télévision.
Vous gagnez toutes les courses.
Les voitures roulent très vite.
Nous racontons une histoire à notre fille.

EXERCICE 3

1 • Je **monte** dans ma chambre.
2 • Tu **appelles** ta tante au téléphone.
3 • Elle **mange** des gâteaux au chocolat.
4 • Nous **postons** un paquet pour Noël.
5 • Vous **élevez** des chatons.
6 • Ils **ressemblent** à leur père.

ÉPISODE 13 : Que d'activités !

EXERCICE 1

1 • Mathis joue sur la **guitare** de sa mère.
2 • Léa n'est pas très forte en **géographie**.
3 • Mathis a choisi de faire du **badminton**.
4 • Léa va choisir la **gymnastique** l'année prochaine.
5 • Mathis aime faire de la **magie**.
6 • Léa va à la **gare** chercher la cousine de sa tante.

EXERCICE 2

1 • Ma sœur achète une ba**gu**e pour l'anniversaire de notre mère.
2 • Nous visitons Rome avec notre **gu**ide.
3 • La **ge**lée recouvre les fleurs du jardin.
4 • Mon frère joue de la **gu**itare et moi du saxo.
5 • Le train arrive en **g**are à 2 h 34.

EXERCICE 3

La voiture de ma mère est rouge.

Corrigés

Le livre de géographie est sur la table.
C'est le ballon de la petite fille.
Le toit de la maison est couvert de neige.
Le parking de l'école est plein de voitures.

ÉPISODE 14 : Un beau parc animalier

EXERCICE 1

Paul et Léa visitent un grand parc animalier.
La girafe a une langue violette.
Les autruches ont des plumes douces.
Le gros lion féroce est endormi.
Le soigneur est par terre et imite le petit singe.

EXERCICE 2

1 • Il a un blouson **noir** et des chaussures **rouges**.
2 • C'est un **grand** immeuble.
3 • Marie a un **gros** rhume.
4 • Il y a une **belle** maison **ancienne** au coin de la rue.
5 • C'est une journée **magnifique**.

A. Relie les deux parties de chaque phrase :

Nous voulons avoir des bonbons.
Elles veulent manger au restaurant.
Tu vas au collège à 8 h 30.
Vous faites du football tous les samedis.
Je peux prendre ma veste.
Il fait un bon gâteau.

B. Relie les deux parties de chaque phrase :

Vous racontez des histoires.
Ils montent au premier étage.
Je mange des cerises.
Nous chantons très bien.
Tu changes de chaussures.

C. Complète les mots avec « s », « ss », « c » ou « ç » :

1 • J'ai un poi**ss**on rouge qui s'appelle Gaston.
2 • C'est l'heure de sa le**ç**on de piano.
3 • Elle a rai**s**on. Il fait très beau dehors.
4 • Tu me donnes les **c**iseaux, s'il te plait ?

D. Choisis la bonne forme du mot :

1 • Son solo de **guitare** est génial.
2 • Je vais à la **gare** chercher mon frère.
3 • Il y a tellement de neige. Je suis **gelée**.
4 • Sa **bague** de fiançailles est en diamant !
5 • J'aime bien son nouveau **gilet** bleu.

ÉPISODE 15 : Collectionneur en série

EXERCICE 1

Mathis collectionne beaucoup de choses.
Il a **soixante-et-onze petites billes** et **vingt-et-une** grosses billes. Il a aussi des timbres : **mille-cinq-cent-vingt-quatre**. Mathis collectionne aussi des cartes *Pokemon*. Il en a **trois-cent-deux**. Il aime aussi ses **soixante-dix-huit** coquillages.

EXERCICE 2

	V	F
Mathis a beaucoup de collections.	X	
Léa collectionne les timbres.		X
Mathis a beaucoup de cartes de football.		X
Benjamin collectionne les coquillages.		X
La grand-mère de Mathis et Léa adore voyager.	X	

EXERCICE 3

trois-mille-huit-cent-vingt-six
quatre-vingt-sept
deux-cents

ÉPISODE 16 : Mathis est amoureux

EXERCICE 1

Mathis est amoureux de Manon et Marion.
Léa est agacée car Mathis est amoureux de beaucoup de filles.
Mathis pense que Paul est amoureux de Léa.
Mathis veut tirer à pile ou face pour choisir entre Manon et Marion.
Les garçons n'ont pas de pièce et demandent à Léa.

EXERCICE 2

Je finis mes devoirs et j'arrive.
Notre voisine nourrit son chat tous les matins.

Nous obéissons toujours à nos parents.
Vous haïssez cette chanson.
Les vrais amis ne se trahissent jamais.

EXERCICE 3

On **punit** les enfants désobéissants.
Nous **salissons** nos pantalons en jouant dans la boue.
J'**aplatis** la pâte à tarte.
Tu **finis** ton livre cette après-midi.
Les avions **atterrissent** à l'aéroport.

ÉPISODE 17 : Tous au match !

EXERCICE 1

	V	F
Léa et Paul sont venus voir Mathis jouer au rugby.		X
Mathis connait les règles du jeu.		X
Il y a beaucoup de monde au stade.	X	
Il y a deux copains du collège au premier rang.	X	
Le match dure plus d'une heure.	X	

EXERCICE 2

Mathis et Léa sont venus voir Paul **jouer** au rugby. Il s'échauffe avec ses **coéquipiers** avant le match. Il y a **beaucoup** de monde dans les tribunes. Victor et Maxime, deux copains du **collège**, sont les plus grands **fans** de Paul.

EXERCICE 3

1 • Ils ont **tous** aimé ce film.
2 • **Toutes** les voitures garées dans la rue sont blanches.
3 • Regarde ! **Tous** tes cahiers sont sur le bureau.
4 • Elle a fini cet exercice **toute** seule.
5 • Tu regardes la télé **tout** le temps !

ÉPISODE 18 : Le marché de Noël

EXERCICE 1

1 • **a.** (Sur la place de la mairie, il y a un énorme sapin.)
2 • **c.** (Paul cherche un cadeau pour sa mère.)
3 • **b.** (Paul choisit deux bougies : une dorée et une rouge.)
4 • **a.** (Mathis et Léa achètent pour leur petit cousin un puzzle en forme d'ours.)

EXERCICE 2

1 • J'aime beaucoup **cette** maison sur la colline.
2 • **Ces** fleurs sont tellement belles !
3 • J'ai vu **cet** éléphant au parc animalier.
4 • Je ne sais pas à qui est **ce** livre sur la table.

EXERCICE 3

1 • Non, je veux **ceux-là**.
2 • Non, je préfère **celui-là**.
3 • Non, je vais prendre **celles-là**.
4 • Non, je vais dans **celle-là**.

ÉPISODE 19 : Une visite historique

EXERCICE 1

	V	F
Paul, Mathis et Léa sont à Verdun.	X	
Il y a de la neige.		X
Le prix du billet du musée est de 8 euros.		X
Au musée, il y a des fusils.	X	
Paul, Mathis et Léa ont peur que la bombe explose.	X	

EXERCICE 2

Ma sœur sait jouer du piano.
Je reçois un paquet pour Noël.
Nous devons aller vite.
Les collégiens doivent arriver à l'heure en cours.
Vous croyez qu'ils vont venir ?

EXERCICE 3

1 • Vous **voyez** ces lapins dans le champ ?
2 • Mon grand-père **croit** que je viens demain.
3 • Tu **dois** rapporter ton livre à la bibliothèque.
4 • Mes copines **savent** leurs leçons.
5 • Nous **recevons** ma meilleure amie cette après-midi.

Corrigés

ÉPISODE 20 : Jour d'élection

EXERCICE 1
Aujourd'hui, c'est le jour des candidatures pour devenir délégués de classe.
Léa ne veut pas devenir déléguée de classe.
Paul tient toujours ses promesses.
Paul veut proposer un dortoir pour faire la sieste.
Le jour pour déposer les candidatures est la semaine prochaine.

EXERCICE 2
1 • Nous ten**ons** notre fils par la main.
2 • Je vien**s** en train.
3 • Vous sort**ez** du collège.
4 • Tu offr**es** des fleurs à ton amoureuse.
5 • Ils ouvr**ent** le nouveau magasin demain.
6 • Clara soutien**t** toujours son petit frère.

EXERCICE 3
Tu souffres beaucoup à cause de ta jambe cassée.
Les chats dorment toute la journée.
Nous partons en vacances en juillet.
Jules ment tout le temps.
Vous cueillez des cerises dans le jardin.

ÉPISODE 21 : Miam, des crêpes !

EXERCICE 1
Aujourd'hui, c'est la **Chandeleur**. Léa fait des **crêpes**. Elle veut les **vendre** au **vide-grenier** de la rue. Mathis **veut** les manger et **invite** Paul à la maison.

EXERCICE 2
Les enfants apprennent leur poésie.
Je prends un thé au citron.
Chloé vend sa vieille voiture.
Nous rendons visite à notre tante.
Vous perdez votre temps. Il est toujours en retard.

EXERCICE 3
1 • Le chocolat **fond** dans la casserole.
2 • Tu **réponds** au téléphone.
3 • Vous **prenez** d'abord à droite, puis à gauche.
4 • Nous **perdons** nos clés tout le temps.
5 • Mon frère et ma sœur **attendent** nos parents.

PETIT BILAN 3

A. Relie les deux parties de chaque phrase :
Je punis mon chien qui n'est pas sage.
Vincent choisit le livre d'aventures.
Nous nourrissons les chats.
Vous finissez vos exercices avant le diner.
Les enfants salissent leurs T-shirts.

B. Complète les phrases avec : tout/toute tous/toutes.
1 • Ils regardent la télé **toute** la journée.
2 • Ils sont **tous** venus à la fête.
3 • **Tous** ces arbres sont très grands.
4 • **Tout** le monde aime cet album.
5 • J'aime **toutes** ses nouvelles pâtisseries.

C. Complète les phrases avec : ce/cet/cette/ces.
1 • **Cet** immeuble est vraiment très grand.
2 • **Ce** garçon est vraiment agaçant.
3 • J'aime beaucoup **cette** pêche. Elle est bien sucrée et juteuse.
4 • Je pense que **ces** gens sont très gentils.

D. Complète les phrases avec le verbe entre parenthèses au présent :
1 • Vous **croyez** qu'il va venir ?
2 • Mon oncle **vient** déjeuner tous les dimanches.
3 • Tu **réponds** toujours présent quand on t'appelle à l'aide.
4 • J'**ouvre** le pot de confiture de fraises.
5 • Nathalie et Sandrine **reçoivent** un joli cadeau.
6 • Ils **prennent** le bus pour aller au collège.
7 • Nous **voyons** ma tante la semaine prochaine.
8 • Caroline **rend** son livre à son amie Clarisse.

ÉPISODE 22 : La Saint-Valentin

EXERCICE 1
1 • **c**. (Léa reçoit beaucoup de cartes.)
2 • **b**. (Léa a une carte de New York.)
3 • **b**. (Léa reçoit ses cartes dans sa boite aux lettres.)
4 • **a**. (Léa essaye de battre son record.)

EXERCICE 2
Paul pense que les garçons sont romantiques.
Léa aime la carte avec les chevaux.
Paul préfère celle avec la tour Eiffel.
Son voisin s'appelle Théo.
Léa veut battre son record.

EXERCICE 3
Nous **permettons** à notre chien de dormir dans notre lit.
Je **connais** ma meilleure amie depuis six ans.
Vous **promettez** de ne pas être en retard cette fois-ci ?
Mathieu **admet** qu'il s'est trompé de réponse.
Les filles de sa classe **battent** les garçons à la course.

ÉPISODE 23 : Le remplaçant

EXERCICE 1

	V	F
M. Morello est le professeur de mathématiques.	X	
Mathis et Paul aiment aller au skatepark.	X	
Paul pense que le remplaçant va être très gentil.		X
Paul pense que le remplaçant va faire des dictées.		X
Le remplaçant s'appelle M. Verdier.		X

EXERCICE 2
1 • J'ai envie de manger **de la** purée.
2 • C'est la maison **du** professeur de piano de ma sœur.
3 • Nous partons **de l'**aéroport de Toulouse.
4 • C'est la cabane **des** enfants.

EXERCICE 3
1 • Manon s'est fait mal. Claire l'accompagne **à l'**infirmerie.
2 • Si elle ne va pas mieux, Manon va aller **aux** urgences.
3 • Je pense qu'ils font du sport **au** stade.
4 • Louise veut aller **à la** piscine.

ÉPISODE 24 : C'est carnaval !

EXERCICE 1
Demain, c'est **carnaval**. Léa cherche un **déguisement**. Son déguisement de **licorne** est trop petit. Léa ne veut se déguiser ni en **magicienne** ni en pirate. Elle choisit un déguisement d'**astronaute**.

EXERCICE 2
1 • Je vais prendre du poulet **et** de la salade.
2 • Elle rentre vite **car** il fait froid.
3 • Margot était malade **donc** elle n'est pas venue.
4 • Cette voiture n'est **ni** trop grande **ni** trop petite.
5 • Je suis pressée **mais** je vais t'aider.

EXERCICE 3
1 • Amed ne sait pas si j'ai un contrôle d'histoire **ou** de géographie.
2 • Je suis admirative **car** elle est très forte en sciences.
3 • J'aime les roses **et** les tulipes.
4 • Je dois voir mon docteur **mais** il est absent.
5 • Il y a des grèves de train **donc** je vais partir plus tôt.

ÉPISODE 25 : Le mariage de ma tante

EXERCICE 1

	V	F
Aujourd'hui, c'est le jour du mariage de la tante de Paul.	X	
Sa tante se marie à l'église et à la mairie.		X
Le restaurant est au bord de la rivière.	X	
Léa ne veut pas se marier.		X
Léa veut danser pendant des heures à son mariage.	X	

EXERCICE 2
Aujourd'hui, Paul est très élégant car il va au mariage de sa tante.
La tante de Paul ne va jamais à l'église.

Corrigés

Le restaurant du mariage est un endroit très romantique.
Léa veut partir en voyage de noces en Polynésie.
Léa veut se marier dans une robe avec de la dentelle.

EXERCICE 3

1 • Mon oncle ne va **jamais** à la piscine. Il n'aime pas se baigner.
2 • Je n'ai **toujours** pas de téléphone portable. Ma mère trouve que je suis trop jeune.
3 • Martin ne mange **rien** ce midi. Il va bien manger au diner !
4. • Je ne lis **jamais** de BD car je n'aime pas cela.

ÉPISODE 26 : L'exposé

EXERCICE 1

1 • **b**. (Léa doit faire un exposé en sciences.)
2 • **a**. (Elle doit l'apporter au collège le lendemain.)
3 • **c**. (Léa a besoin de scotch et de ficelle.)
4 • **c**. (Finalement, pour aller au collège, Léa va prendre la voiture avec son père.)

EXERCICE 2

1 • Ma cousine va **à** Paris tous les week-ends.
2 • Son correspondant vient **d'**Espagne.
3 • Pour aller à la bibliothèque, il faut passer **devant** la poste et continuer tout droit.
4 • Mon manteau est **dans** le placard de l'entrée.
5 • Pendant le voyage, la caravane est **derrière** la voiture.

EXERCICE 3

1 • La petite fille est **derrière** l'arbre.
2 • Le petit garçon est **à droite** du ballon rouge.
3 • Le chien est **devant** la maison.
4 • Le poisson est **dans** l'aquarium.

ÉPISODE 27 : L'épidémie

EXERCICE 1

	V	F
Tout le monde est malade au collège.	X	
Mme Abéda était absente hier.	X	
M. Lorenzo n'est pas malade.		X
Amed est absent depuis une semaine.		X
Le collège va fermer.	X	

EXERCICE 2

1 • J'aime bien aller à la plage **en** été.
2 • Claire est partie en vacances **il y a/ pendant** trois jours. Elle vient de rentrer.
3 • **Depuis** que tu es petit, tu aimes manger des fraises.
4 • **Pour** son mariage, Léa veut une robe avec de la dentelle.
5 • Il joue au rugby **depuis** cinq ans.

EXERCICE 3

1 • Thomas est en vacances **depuis** trois jours. Il est parti hier.
2 • Thomas est en vacances **pendant** trois jours. Ce n'est pas très long mais cela va lui faire du bien.
3 • **La semaine dernière**, il est allé voir sa tante à Marseille.
4 • Il a son argent de poche **la dernière semaine** du mois.

ÉPISODE 28 : La chasse aux œufs

EXERCICE 1

1 • Pour transporter le pique-nique, Léa et Mathis prennent une **glacière**.
2 • Ils prennent des **œufs durs** et des **tomates**.
3 • Il ne faut pas prendre la **pizza**. Elle est pour le diner.
4 • Léa, Paul et Mathis sont pressés car ils vont chercher des **œufs de Pâques**.
5 • Ils vont au parc du château avec la **cousine** de Paul.

EXERCICE 2

1 • **Rends**-moi mon livre !
2 • Gabriel ? Laurent ? **Sortez** de là !
3 • **Allons**-y. Nous allons être en retard.
4 • **Viens** vite ! J'ai besoin de ton aide.
5 • **Faites** attention. Vous êtes trop près de la rivière.

EXERCICE 3

Ne va pas dans la forêt seul. Tu vas te perdre.
Mets vite tes bottes. Il neige ! On va jouer dehors.
Venez vers 19 h pour diner. Le poulet sera prêt.
Ne fais pas du feu ici. Tu vas provoquer un incendie.
Donne-moi la main. Tu risques de glisser sur ce trottoir mouillé.

A. Complète les phrases avec les bonnes prépositions :

1 • Mon meilleur ami habite **à** Brest.
2 • Ce plat vient **de** Norvège.
3 • Pour se rendre au gymnase, il faut passer **devant/par** le collège.
4 • Mon livre est **dans** le tiroir de mon bureau.
5 • Le chat dort **sur** le canapé.

B. Complète les phrases avec : de la/du/ à l'/au/aux.

1 • Anne aime manger **du** fromage avec ses pâtes.
2 • Charlotte va s'entrainer **au** stade tous les dimanches.
3 • Arthur veut aller chanter **à l'**opéra.
4 • Les enfants veulent **de la** glace pour le goûter.
5 • J'aime la pizza **aux** champignons.

C. Complète les phrases avec : la semaine prochaine/depuis/demain/par/au.

1 • Fabien part en vacances **demain**. Il faut vite faire sa valise.
2 • Laurence est mariée avec Thierry **depuis** vingt ans.
3 • Ils jouent au tennis trois fois **par** semaine
4 • **Au** printemps, les jardins fleurissent.
5 • Nous allons avoir contrôle d'histoire **la semaine prochaine**.

D. Complète les phrases avec les verbes entre parenthèses :

1 • **Donne**-moi mon sac !
2 • Benjamin ? Samia ? **Finissez** vos devoirs !
3 • **Prenons** nos manteaux. Nous allons être en retard.
4 • **Sors** vite de là ! Tu vas être tout sale.
5 • **Faites** attention. Vous allez vous faire bousculer.

ÉPISODE 29 : La journée des langues

EXERCICE 1

Que se passe-t-il aujourd'hui ? C'est la journée des langues.
Qui anime l'atelier occitan ? C'est la professeure d'espagnol.
Que fait-on pendant la journée des langues ? On découvre de nouvelles langues.
Qui anime l'atelier fon ? Sènami.
Que fait Sènami ? Elle fait partie du club d'échecs.

EXERCICE 2

1 • C'est Lin (qui est en 3e B).
2 • Léa va prendre basque, gallois et japonais.
3 • C'est M. Davies, le professeur d'anglais.
4 • Mathis va apprendre le fon.
5 • Mathis pense qu'elle est très jolie.

EXERCICE 3

1 • Qui prépare notre diner ?/ Qui est-ce qui prépare notre diner ?
2 • Qu'est-ce que tu fais tous les week-ends ?/ Que fais-tu tous les week-ends ?
3 • Qu'est-ce que nous prenons pour le goûter ?/Que prenons-nous pour le goûter ?
4 • Qui va prendre le train ce soir ?/ Qui est-ce qui va prendre le train ce soir ?
5 • Qu'est-ce que Clothilde étudie ?/ Qu'étudie Clothilde ?

ÉPISODE 30 : Le gala de danse

EXERCICE 1

1 • **c.** (samedi soir.)
2 • **b.** (à la salle municipale.)
3 • **a.** (dans le village d'à côté.)
4 • **c.** (de diner tous ensemble chez oncle Guillaume.)

EXERCICE 2

1 • **Quand** vas-tu chez le dentiste ? Demain ?
2 • Je sais **où** Maxence habite.
3 • **Où** plantez-vous ces fleurs ? Sous les arbres ?

Corrigés

4 • **Où** partons-nous en vacances ? À Nice ou à Cannes ?
5 • Je ne sais pas **quand** ils vont arriver, le matin ou l'après-midi.

EXERCICE 3

1 • Où Louise déménage-t-elle ?/Où est-ce que Louise déménage ?
2 • Quand arrivent mes grands-parents ?/ Quand est-ce que mes grands-parents arrivent ?
3 • Quand faisons-nous une promenade à vélo ?/Quand est-ce que nous faisons une promenade à vélo ?
4 • Où mes voisins vont-ils ?/Où est-ce que vont mes voisins ?
5 • Quand font-ils du ski ?/Quand est-ce qu'ils font du ski ?

ÉPISODE 31 : Sortie à la patinoire

EXERCICE 1

Paul enfile de grosses chaussettes parce qu'il va mettre des patins à glace.
Paul va à la patinoire avec Léa et Mathis.
Paul ne veut pas emmener Clara parce qu'elle est trop petite.
L'amie de Clara va à la patinoire le dimanche matin avec sa sœur.

EXERCICE 2

1 • Paul va à la patinoire avec Léa et Mathis **parce qu'il trouve cela drôle de glisser sur la glace**.
2 • Paul met des gants **parce qu'il va à la patinoire**.
3 • Lise va à la patinoire le dimanche matin **parce que c'est réservé aux petits**.

EXERCICE 3

1 • Pourquoi Florent travaille-t-il beaucoup ?/ Pourquoi est-ce que Florent travaille beaucoup ?
2 • Pourquoi ne veux-tu pas sortir ?/Pourquoi est-ce que tu ne veux pas sortir ?
3 • Pourquoi n'as-tu pas besoin d'arroser le jardin ?/Pourquoi est-ce que tu n'as pas besoin d'arroser le jardin ?
4 • Pourquoi avez-vous pris le train ?/Pourquoi est-ce que vous avez pris le train ?

ÉPISODE 32 : Selfies !

EXERCICE 1

	V	F
Léa fait un concours de selfie avec Lucie et Cyrielle.		X
Léa va mettre un gilet bleu.		X
Léa va prendre de nouvelles photos dans le jardin.	X	
Mathis conseille à Léa de mettre des boucles d'oreilles.	X	
Léa n'est pas contente de ses nouvelles photos.		X

EXERCICE 2

1 • **Quelle** robe vas-tu choisir pour la fête de Jérémie ?
2 • **Quels** arbres fruitiers voulez-vous planter dans votre jardin ?
3 • **Quelles** randonnées vont-ils faire cet été ?
4 • **Quel** livre as-tu préféré ?
5 • **Quel** enfant crie aussi fort ?

EXERCICE 3

1 • D'accord, **laquelle** veux-tu manger ?
2 • Ah oui, **lequel** ?
3 • Euh... Tu veux **lesquelles** exactement ?
4 • Oh non... **Lequel** ?
5 • **Lesquels** veux-tu prendre ?

ÉPISODE 33 : Les jolis ponts de mai

EXERCICE 1

1 • **b**. (Il a peur de ne pas finir le programme.)
2 • **c**. (Non, il est très content.)
3 • **a**. (De visiter un château médiéval.)
4 • **c**. (S'ils vont avoir des contrôles sur leurs visites.)

EXERCICE 2

Histoire => Le château médiéval
Astronomie => Le planétarium
Biologie => La rivière pour pêcher des poissons
Anglais => Le cinéma

EXERCICE 3

1 • Comment vas-tu au collège ?/Comment est-ce que tu vas au collège ?

2 • Comment vas-tu ?/Comment allez-vous ?/ Comment est-ce que tu vas ?/Comment est-ce que vous allez ?
3 • Comment est sa mère ?/Comment sa mère est-elle ?
4 • Comment veux-tu ton café ?/Comment est-ce que tu veux ton café ?

ÉPISODE 34 : Jardinage avec Mamie

EXERCICE 1

1 • Léa aide sa mamie à **jardiner**.
2 • Mamie demande à Léa d'arracher les **mauvaises herbes autour des courgettes**.
3 • Léa et Mamie vont manger **une tarte aux fraises**.
4 • Léa trouve le jardinage **fatigant**.
5 • Mathis ne veut pas jardiner avec **Léa et Mamie**.

EXERCICE 2

1 • La baignoire **se** remplit pour le bain.
2 • Je **me** lève très tôt le matin.
3 • Vous **vous** habillez toujours très bien.
4 • Tu **te** bats souvent avec ton frère.

EXERCICE 3

1 • Tu **te parfumes** beaucoup trop.
2 • Vous **vous baignez** dans la rivière.
3 • Le chat **se perche** sur l'arbre quand le chien arrive.
4 • Nous **nous lavons** les mains et nous arrivons.

ÉPISODE 35 : Ménage de printemps

EXERCICE 1

	V	F
Léa et Mathis vont faire le ménage.	X	
Léa et Mathis vont enlever les rideaux.	X	
Ils veulent faire de la place pour de nouveaux vêtements.		X
Ils veulent donner leurs vieux jouets à une association.	X	

EXERCICE 2

1 • Je vais prendre du pain en **rentrant**.
2 • Ils finissent leur stage en **sachant** monter à cheval.
3 • Vous arrivez à la poste en **prenant** à droite.
4 • En **finissant** plus tôt, ils vont pouvoir aller au parc.
5 • Tu fais le ménage en **chantant**.

EXERCICE 3

1 • Ces petites filles sont très **fatigantes**.
2 • Tu aimes cette sauce **piquante**.
3 • Cette lumière est **aveuglante**.
4 • Les livres de cet auteur sont toujours **intéressants**.

A. Pose les questions sur les éléments soulignés :

1 • Quand va-t-elle à la piscine ?/Quand est-ce qu'elle va à la piscine ?
2 • Qui aime beaucoup les pizzas ?/Qui est-ce qui aime beaucoup les pizzas ?
3 • Que prend-t-il ?/Qu'est-ce qu'il prend ?
4 • Où allons-nous en vacances ?/Où est-ce que nous allons en vacances ?
5 • Comment allez-vous à l'école ?/Comment est-ce que vous allez à l'école ?

B. Relie les questions et leurs réponses :

Pourquoi pleure-t-il ? Parce qu'il s'est fait mal.
Pourquoi prends-tu ton pull ? Parce qu'il fait froid.
Pourquoi allons-nous à l'école en voiture ? Parce que le bus est en panne.
Pourquoi faites-vous un gâteau ? Parce que c'est mon anniversaire.
Pourquoi boivent-elles ? Parce qu'elles ont très chaud.

C. Complète les phrases avec : quel/quelle/quels/lequel/laquelle/lesquels.

1 • **Quels** bonbons veux-tu ? Et **quelle** boisson ?
2. • J'aime bien le violet et le vert. **Laquelle** de ces couleurs préfères-tu ?
3 • Il y a du choix parmi les livres de la bibliothèque. **Lesquels** souhaites-tu emprunter ?
4 • **Quel** chemin doit-on prendre ?

Corrigés

5 • Ce cheval est celui sur **lequel** je préfère monter.

D. Complète les phrases avec les verbes entre parenthèses au présent :

1 • Tu **te lèves** beaucoup trop tôt.
2 • Vous **vous faites** peur tout seuls avec ces déguisements horribles.
3 • Gabriel **se cache** pour ne pas aller chez le dentiste.
4 • Ils **se sourient** pour se dire bonjour.
5 • Nous **nous habillons** chaudement ce matin car il fait froid.

ÉPISODE 36 : Le rallye lecture

EXERCICE 1

1 • **a**. (Paul et Léa.)
2 • **b**. (À la bibliothèque.)
3 • **c**. (Un livre par jour.)
4 • **c**. (80.)

EXERCICE 2

1 • Son frère ? Elle **le** voit la semaine prochaine.
2 • Ses lunettes ? Gaston **les** cherche partout.
3 • Léa ? Mme Fournier **l'**aide à choisir des livres.
4 • Nos blousons de sport ? Nous **les** prenons pour aller courir.
5. • La place de la Concorde ? Je **la** connais très bien.

EXERCICE 3

1 • Elsa **l'**aime.
2 • Nous **les** montrons.
3 • Tu **la** prends.
4 • Les garçons **le** mangent.
5 • Ils **les** mettent.

ÉPISODE 37 : Le tournoi de jeux vidéo

EXERCICE 1

	V	F
Paul a appris ses leçons.	X	
Mathis va participer à un tournoi de jeux vidéo.	X	
Mathis a tout rangé dans sa chambre.	X	
Paul est un mauvais entraineur.		X
La coupure de courant ne va durer qu'une minute.		X

EXERCICE 2

1 • Ses devoirs fait**s**, Marc part jouer au foot avec ses copains.
2 • La cuisine rangé**e**, nous allons pouvoir préparer le diner.
3 • L'arbre pench**é** menace de tomber.
4 • Les enfants effrayé**s** rentrent en courant de la forêt.
5 • Les voitures accident**ées** partent à la décharge.

EXERCICE 3

1 • Les journées **ensoleillées** sont parfaites pour aller à la plage.
2 • Cette fille est **essoufflée**. Elle a trop couru.
3 • Une fois leurs amis **partis**, ils se sont couchés.
4 • Ils vont faire une exposition avec les photos **prises** pendant le voyage.
5 • La distance **parcourue** pendant la course est très grande.

ÉPISODE 38 : La fête de la Musique

EXERCICE 1

1 • **c**. (Pendant la fête de la Musique, il y a des concerts.)
2 • **b**. (L'année dernière, pour la fête de la Musique, Mathis a écouté un concert de jazz)
3 • **a**. (Paul et Mathis sont venus écouter le groupe de M. Lotinelle, leur professeur de musique.)
4 • **c**. (Paul et Mathis envoient un texto aux élèves de la classe et postent une photo.)

EXERCICE 2

1 • imparfait
2 • passé composé
3 • passé composé
4 • imparfait
5 • imparfait